名师成长书系

和合创生

普通高中生产劳动教育课程设计与建构

周丽红◎著

中国商业出版社

图书在版编目（CIP）数据

和合创生：普通高中生产劳动教育课程设计与建构 / 周丽红著 . -- 北京：中国商业出版社，2023.2

ISBN 978-7-5208-2407-1

Ⅰ . ①和… Ⅱ . ①周… Ⅲ . ①劳动课－课程设计－高中 Ⅳ . ① G633.932

中国版本图书馆 CIP 数据核字（2022）第 244438 号

责任编辑：杨善红

中国商业出版社出版发行

（www.zgsycb.com 100053 北京广安门内报国寺 1 号）

总编室：010-63180647 编辑室：010-83125014

发行部：010-83120835/8286

新华书店经销

北京虎彩文化传播有限公司印刷

*

710 毫米 ×1000 毫米 16 开 12.25 印张 201 千字

2023 年 2 月第 1 版 2023 年 2 月第 1 次印刷

定价：48.00 元

* * * *

绪 论

根据《普通高中课程实施方案(2020年修订)》要求，普通高中开设语文、数学、外语、思想政治、历史、地理、物理、化学、生物学、技术（含信息技术和通用技术）、艺术（或音乐、美术）、体育与健康、综合实践活动和劳动等国家课程，以及校本课程。

本书试图阐明在新时代背景下，随着新课程新教材的逐步实施，针对普通高中存在的学生不想劳动、不会劳动以及教师不会教劳动、学校不重视劳动等现象，以党和国家关于全面加强新时代大中小学劳动教育的意见为导向，如何在普通高中设计与构建生产劳动教育课程系统。我们经过探索和实践形成了“和合创生”的劳动教育理念，通过和合的资源建设，进行和合的项目创生，构建项目化的生产劳动实践活动，完成了芳香类中草药生产劳动课程的开发与应用，促进学生在劳动中通过学思践悟的完整学习过程，掌握劳动知识与技能，培育劳动能力与价值观。

本课程体系在实践中完成了：第一，普通高中生产劳动教育课程框架的设计与建构，构建了具有传统文化特色和体现时代特征，具有综合性、实践性、开放性、针对性和长效性的普通高中生产劳动课程体系；第二，普通高中生产劳动教育课程资源开发与建设，以不同学科或领域之间的融合为基础，打破知识壁垒，实现知识跨界融通；第三，普通高中生产劳动项目方案设计与实施，围绕劳动育人目标进行体系化设计，系统整合项目，创新劳动课程体系，形成劳动教育课程化长效机制。

为了让学生综合运用多种学科知识在具体项目上，提升学生综合运用知识的能力，提升新课程、新教材教育教学的实效。我校根据人教版高中生物植物有效成分提取等课程内容为资源，把国家课程校本化，制定符合校情、融合传统文化的“芳香类中草药产品制作生产劳动课程”，将物理、化学、生物等学科课程融入劳动教育课程中，成为国家课程校本化实施的系统成果！

劳动教育在我国教育发展史上源远流长。从儒家的“六艺”，到马克思的“教育必须与生产劳动相结合”，再到中共中央、国务院《关于全面加强新时代大中小学劳动教育的意见》“把劳动教育纳入人才培养全过程”，这些观念都体现了劳动教育经久不衰的强大生命力和独特育人价值。尽管不同历史时期劳动教育的形态有所不同，但对劳动教育的强调一以贯之，从未间断。和合创生的劳动教育理念在学校办学理念的历史性积淀和劳动教育的新时代契机两方面因素的作用下，经过较长时间的探索和实践，才最终形成。

学校的办学理念是“和合”，教育思想是“适切”，这是和合创生劳动教育理念的文化根源。“和合”就是通过和衷、和睦、和谐、调和等途径与方式，实现主观与客观之间的自然契合、学校各项工作之间的有机整合、人与人之间的相互合作，形成教育教学百花齐放的局面，培养德智体美劳全面发展而又具有个性和特长的学生，达到和合相济、和而不同的协调发展境界和水平，走一条有别于其他学校的特色发展道路。简言之，学校走多样化、有特色的“适切”之路，让每个孩子在对的位置上发光。

和合在劳动教育中的隐喻是结合时代需要、整合学校资源、融合学科课程、创生构建符合学生实际的劳动课程体系。从系统观来看，和合就是将教育当作要素相互联系、相互作用和相互依存的有机整体，通过要素间的和合协调和有序组合，产生和合的系统功能，构成和合的创新内涵。因此，和合既是育人理念，又是育人方法论。和合育人又包含课程育人、环境育人和文化育人等方面。

2012 年 4 月，“荔风儒韵”特色课程成为广州市首批重点立项普通高中特色课程，该课程是以空乘服务为核心内容，以职业体验为主要目标的综合课程体系。实施过程中与广州民航职业技术学院签订了合作协议，作为课程的主要校外实践基地，采取你来我往合作教育模式，使学生在职业劳动技能方面得到了丰富的体验，表明了以劳育人取得实践成效。

2016 年 12 月，再次获得广州市重点立项的“六艺儒苑”是在荔风儒韵基础上发展建构的又一项特色课程。六艺儒苑在劳动教育方面做了大幅提升，明确提出培育工匠精神的教育目标。其中，中草药种植、酿酒探究、橙皮苷提取及“四模一电”等课程突出体现了劳动教育精益求精的工匠品质价值追求，重视跨学科劳动实践，培养学生的劳动精神和品质。这一阶段的特色课程建设为劳动教育课程的设计与建构创立了科学范式，积累了丰富经验，奠定了坚实基础。

2017 年 8 月，广州市教育局开展中医药文化进校园系列活动，扎实推进中医药文化进校园、进课堂、进教材，采取学生喜闻乐见的方式普及中医药知识，弘扬优秀中医药文化。活动中以中医药文化为切入点，邀请广州神农草堂中医药博物馆进行中医药基础知识培训；组织学生开垦中草药园圃，种植较易生长，特征明显，与生活关系密切的芳香类中草药。活动增强了学生获取劳动资源的能力，激发了学生体验生活和关注文化的意识，推动了基于问题、资源和项目的互动合作探究，为劳动教育课程建设奠定了坚实的资源基础。

和合创生是生产劳动课程设计与构建的理念支撑，在个体的课程设计过程中包含了三个方面的重要内涵：一是学科融合的项目式学习，二是跨界融通的项目化创意，三是并行协同的项目式课程。这三个方面分别对应普通高中生产劳动课程独特的学习模式、构建模式和课堂模式。

项目学习更符合劳动教育强化实践体验、亲历劳动过程、提升育人实效的特征，因此采用项目学习方式可以为劳动教育提供有效的系统化实践平台。笔者认为劳动教育项目化的实践性作用包括以下几个方面：项目化劳动教育可以帮助学校形成体系化的劳动教育课程；可以为学生创设真实情境下的劳动体验；可以为教师提供学科融合素养提升机会；便于政府和社会为学校劳动教育提供有形支持。劳动教育项目化可与德育、智育、体育、美育自然融合，从而形成系统性的项目劳动教育课程体系，为学生提供系列化、情境化，体验性、生成性和创新性的项目实践，真正呈现新时代劳动教育内涵价值，培养学生的劳动技能素养。

当普通高中确定了劳动项目之后，接着必须采取灵活多样的科学方法，对具体项目进行“跨界融合创意”设计，着重体现项目的创新思维。在一个具体的项目情境下，当劳动目标与不同专业和学科的知识、技能以及信息网络有效关联时，有组织的跨界融合结构得以形成，便产生创意性劳动方案，然后运用先进的科学方法、数学思维与信息技术进行跨界融合项目设计，即可清晰地指导创意产品的物化生产劳动过程。过程可表示为：项目劳动目标 $\leftrightarrows$ 跨界融合创意 $\leftrightarrows$ 项目创意方案。建议运用系统综合方法创建项目的创意设计模板。

“并行协同”模式是基于建构主义理论，并经过大量生产劳动教学实践，在不断淬炼中逐步形成的一种项目化生产劳动的课堂教学组织策略。“并行”一词来自计算机科学，指同一时刻做多件事情。“并行协同”策略是指在同一项目中，同时执行两个或多个相互协同的劳动步骤。该策略特别适合解决大型和复杂劳动项目实施中的课时和场地有限性矛盾问题。“并行协同”课堂劳动教学模式可定义为：“并行协同”系统支持同一班级学生分组参与同一个劳动项目，并提供给他们关于项目任务的完整信息，以及共同达成的劳动产品生产目标。即同一个项目、多个功能小组，为完成一项共同劳动任务而组成相互协同的工作网络，每个任务可以独立于其他任务分别执行，但需要相互之间进行协作，也包括教师为整个网络提供的协同支持。这需要教师制订详细的教学规划和协调控制，才能保证并行任务执行的正确性和可靠性，从而完成并行协同生产劳动的目的。

目　录

第一章　和合创生理念的历史积淀

第一节 学校和合文化的积淀

学校的和合文化是和合创生劳动教育理念形成的文化基础。那么，笔者为什么选择和合文化作为学校文化呢？

“和合”就是在承认不同事物矛盾、差异的前提下，把彼此不同的事物统一于一个相互依存的和合体中，并在不同事物的和合过程中，取长补短、存优去劣，使之达到最佳组合，由此促进新生事物的产生，推动事物的发展。为什么要合？客观地承认事物之间各有不同。比如，学校的学生既有来自城镇也有来自农村，初中的学习经历、思维习惯与学习水平会有所差异；老师既有本地土生土长也有历年来引进吸收的来自五湖四海的老师，既有一直从事普通中学教育的老师又有原来从事中等师范教育的老师，各自的教育教学经历与教育观念、教学方式也会有所不同。如何使众多的不同因素能够对学校的发展产生推动与促进力量，需要协调整合。所以，因不同，需要合。

一、和合文化的基本概念

“合”代表的是愿景，是目标，是追求；“和”代表的是态度，是途径，是手段，是艺术；“和而不同”代表的是境界，是水平，是风格，是特色。

和合文化，就是通过和衷、和睦、和谐、调和等途径与方式，实现主观与客观之间的自然契合、学校各项工作之间的有机整合、人与人之间的相互合作，形成教育教学百花齐放的局面，培养德智体美劳全面发展而又具有个性特长的学生，达到和合相济、和而不同的协调发展境界和水平，走一条有别于其他学校的特色发展道路。简言之，学校走多样化、有特色的“适切”之路，让每个孩子在对的位置上发光。

二、和合文化的核心理念

（一）“和合”办学理念

把“和合”作为学校的办学理念，作为整个学校文化的灵魂，作为全体师生共同追求的人文理想。

“和合理念”主要有四个方面的体现：一是今昔整合，传承学校文化，尊重过往的办学经验，总结已有的教育智慧，使学校形成一以贯之的教育传统和氛围；二是人境契合，打造和美的环境文化，充分发挥环境的育人功能；三是师生和谐，以生为本，通过构建和融的课程文化，培育优良的校风、教风和学风；四是上下合力，通过构建和洽的管理制度，依法治校，建设安全文明校园。

（二）“适切”教育思想

和合文化追求和而不同的个性化发展境界，让学校的一事一物和一草一木都找到合适的位置，力图在事、物、情、理各个层面做到适得其所、恰如其分、不偏不倚，应该成为我们工作的出发点。追求和合的境界，必须坚持“让每个孩子在对的位置上发光”的适切教育思想。

三、和合文化的集中体现

自我校（广州市增城区高级中学）创建以来逐步形成的“一训三风”一直没有改变，它体现了一代代师生的集体智慧和奉献精神，近年来我们赋予“一训三风”新的内涵，把它们融入和合文化的大家庭，使之成为师生共同遵守的新规范和新准则。

（一）校训体现和合之美

“尚德、笃学、强体、创新”校训最早提出的原意是对应国家教育方针和素质教育的要求，培养德智体美劳全面发展的人才，具有鲜明的时代特征。现在看来，它完全符合党的十八大提出“立德树人”的教育根本任务以及习近平总书记关于“培养什么人、怎样培养人、为谁培养人这个根本问题”，要培养德智体美劳全面发展的社会主义建设者和接班人。一所学校的校训不仅要体现人才培养目标，更应当成为全体师生共同的精神价值目标，体现一所学校的文化之美。所以，我们赋予该校训新的内涵，即体现身心合一之美，称之为“和合之美”。

尚德，把传承中华民族的精神和优良传统之“厚德载物”作为每一个增高人应有的情怀，充分展现了学校始终把立德树人放在各项工作的首要地位。

笃学，要求学习做事均需有恒心和毅力，锲而不舍，持之以恒。只有坚持不懈，才会取得成功。

强体，毛主席年轻时十分推崇“欲文明其精神，先自野蛮其体魄”；孔子云“智者动，仁者静”，并主张以“成人”教育为目的，强调健身要先健心，体育教育对于精神道德要有一定的要求，首先做个心怀仁术的人。

创新，代表人类不断发展和积极进取的精神，也是学校发展与学生发展不竭的源泉。

整体来看，“尚德、笃学、强体、创新”校训体现了德智体美劳全面发展培养目标的协调统一，又有它自身的特色，不是把德智体看作彼此孤立的教育现象，而是坚持德育要融于智育和体育之中，智育和体育必须体现德育的内容，以达到身心合一的和合之美。

（二）“三风”体现和合之貌

1.“勤奋、务实、守纪、重礼”之校风：文与质合

学校的校风呈现的是全校上下的整体精神风貌。既注重外在的修为，又注重内在的涵养。文质彬彬，文与质合，既有文采，又很质朴；既强调勤奋教学和增加学识，又注重行为朴实守纪重礼。

2.“乐教、勤教、善教”之教风：我与人合

乐教者首先要热爱教师本职工作，有奉献精神，在艰苦的教学工作中获得幸福感；乐教还需勤教，诲人不倦，对学生、对同事、对事业都要有耐心，而成功只会眷顾勤奋的人；善教者必然坚持教育公平，对学生要一视同仁，不歧视任何一个学生，坚持有教无类、因材施教，采用适切的教育方法，为学生搭建不同的成长平台，让每个学生在对的位置上发光，为不同的学生找到不同的发展之路，同时同事之间也要相互帮助，要有合作精神，不断提升业务能力。教师的境界是我为人人，人与我合。

3.“乐学、勤学、善学”之学风：知与行合

学生在学校学习根本上是学做人，乐于学习、勤学苦练，克服学习过程中遇到的各种困难与障碍，这是做人做事的基本态度和良好风格。善于学习，不仅表现为分数和学会知识，还要能在生活中实践，提高做人的境界，不仅要在学习中进步，更要在学习中成人。学习就是坚持知行合一，知与行合。

四、和合文化的物化形态

文化不仅要有内在的精神价值，也要有具体的物化形态，否则就成了空中楼阁。和合文化的物化形态从环境、制度和课程三方面体现出来。

（一）和美的环境文化

1. 融入深厚传统文化之花园式校园

经过改造提升的校园面貌一新，是名副其实的花园式学校。师生种植了百余种植物，四季草木常青，繁花似锦。从环境育人走向以美育人和以文化人是我们的理想。学校“六艺儒苑”校园景观获广州市“粤美校园·微景观”评选一等奖，孔子雕像与石刻屏风构成了“六艺儒苑”的核心，与之呼应的是广府文化广彩及科技 STEM 长廊、古代书院楹联撷萃及国粹书法长廊与悦读阁“两廊一阁”。两廊一阁与一雕像、一屏风、一广场，构成了彰显学校儒家文化的生态景观系统。学校以“微景浓缩文化精髓，文化滋养筑梦人生”为主题，引领师生深入思考和提炼处于发展中的校园文化。

2. 充满现代化气息之智慧型校园

更新改造后的智慧图书馆与增城图书馆签订《增城区图书馆流通服务固定点协议》，可共享区乃至市的藏书及电子读物，通过丰富的阅读活动营造适合新时代青少年的阅读氛围，使图书馆成为学生的精神家园和落实文化育人的重要阵地。校园网与市教科网通过 1000M 以上宽带连接，校园实现无线网络全覆盖，100% 教室实现不低于 100M 的宽带，并实现教学平台“班班通”；建有统一门户、统一身份认证、统一数据规范的校园综合业务管理信息系统（办公 OA 系统），并通过门户网站把德育量化管理系统和网上选课系统等业务应用进行智能融合；学校建立了开放式的校本特色数字教育资源，可实现教科网内数字资源共享，学科和年级信息化教学覆盖率均达 100%；100% 的教师开通并应用广州市“数字教育城”网络学习空间。

浸润传统文化的花园式校园与充满现代化气息的智慧型校园交相辉映，展现出和合文化之美。

（二）和洽的制度文化

学校的发展离不开全体教职员工和衷共济，那么如何才能使大家同心协力呢？必须加强现代学校制度建设，构建和洽的制度文化。

首先，实施依法治校。学校建立和完善了各项规章制度，共100多项。这些规章制度的制定和实施，对学校的管理、后勤、德育、教学、财务等各个方面、各个环节提出了操作的规范性，使学校的教育教学和管理活动处于一种有章可依、有序可循的良性互动状态。《增城高级中学章程》2016年获增城区教育局批准（学校章程核准书第201601号）；学校坚持实行教职工代表大会制（以下简称“教代会”），每年召开1次教代会，学校重大事项和有关教职工切身利益的事项都提交教代会讨论和审议，充分发挥教职工参与学校民主管理的主人翁精神；为贯彻落实《国家中长期教育改革和发展规划纲要（2010—2020年）》提出的大力推进依法治校的要求，根据《广州市中小学校务监督委员会工作意见》和增城纪委工作部署，学校于2015年成立了校务监督委员会。通过以上举措，学校大力加强党风廉政建设，建立健全学校决策权、执行权、监督权既相互制约又相互协调的权力结构和运行机制，防止权力滥用和以权谋私等消极腐败现象的发生，切实保障教职工和学生的合法权益，推进学校科学和谐发展。学校作为增城区依法治校示范校，在全市依法治校创建工作中获得高度肯定。

其次，学校实行“校长负责—层级管理—分工明确—整体协调”的网络管理模式。在这一管理模式下，校长总负责，副校长各分管一个年级，中层干部担任年级主任具体执行年级教育教学工作，年级委员会全面负责年级的教育教学工作，直接管理备课组和班主任工作，完成学校下达的教育教学目标，在一个教学轮回期间保持相对稳定的运行管理模式；政教处、教导处、教研处等部门负责学校层面的德育、教学、教研的组织、管理和评价工作。这种扁平化管理与垂直层级管理相结合的管理模式的好处，一是职责清晰又能相互协调，例如政教处可以和年级协调开展德育活动，办公室和年级协调进行教师绩效考核，教研处和年级协调开展教师校本教研活动等；二是上达下行，下情上达，无论领导班子还是中层干部都有和教师沟通的渠道，意见、问题能够及时提出并解决。

依法治校的实施和高效管理模式的构建，形成了和洽的制度文化。学校领导班子具备“敬业、勤业，精业、创业”的工作作风。学校管理务实高效，富有人文关怀。“教师的优秀产生于科学的数据”，不以任何人的意志或喜好左右评优评先。学校发展呈现一种“上下齐心，和衷共济”的局面。

（三）和融的课程文化

课程是学校文化的重要载体，和合文化的办学理念、和合文化的育人目标都需要通过课堂教学和实践教学才能得以实现。在和合文化背景下，特别是在不断深入的新课程改革和新教材实施过程中，学校的课程逐步构建并且不断得到完善。

1. 落实国家课程，实现资源整合

学校认真贯彻国家课程计划，严格执行必修（含综合实践活动）和选修（含校本课程）计划。在学科教学中聚焦学科核心素养，实现立德树人根本任务和全面育人的目标，以社会主义核心价值观统领课程改革，培养德智体美劳全面发展的社会主义建设者和接班人。

一是优化课程资源，确立国家课程的核心地位。首先，加大教学质量形成和监控的管理力度，加强教学常规制度的制定和执行，向管理要质量，进一步完善、细化学校各项教学常规管理制度。其次，建立科学的质量监控体系，全面提高教学质量。最后，继续深入开展因材施教、差异教学的实践探究。学校制定了《广州市增城区高级中学“新修订普通高中课程方案与学科课程标准”校本培训工作方案》、《普通高中课程标准》（2017 年版）学科核心素养等制度文件，积极开展新的高考改革和课程标准的各级培训学习，加强对新的课标、高考、课程方案的学习和研究，领会新一轮课程改革的精神和内涵，树立新的教学理念，适应新的课程教学。

二是优化办学条件，为学生提供更优质的学习条件。学校积极改善办学条件，建成智慧图书馆、体育馆、艺术楼、游泳馆、智慧安全教育馆，有书法、美术、多媒体、录播等专业场室 60 多个。学校还将进一步加快各项配套设施工程建设，补充物化生实验室数量，并及时更新和增添常规教育教学设备。

三是优化课堂资源，打造智慧课堂。学校的课堂模式逐步实现由关注形式到关注内质的转变、由外在美向效果美的飞跃、由程式化向多样化的突破、由一种模式向学科特色推进。

2. 实施劳动课程，实现学科融合

国家课程和校本课程可以相互融通。有些校本课程的内容可以穿插或融合在相关的国家课程中实施，有些国家课程的内容可以抽出来加以扩展、深化，成为相对独立的校本课程。我们利用本校、本地的资源，开发与实施一些与国家课程相协调的、能够包含地方课程内容的劳动教育校本课程。

近年来，学校致力探索符合学校实际的劳动课程，实现多学科之间的融合，如“薄弱高中实施 STEM 课程的个性化模式研究”等劳动教育课题获中央电教馆、广东省及广州市重点立项。学校劳动课程在跨学科、趣味性、体验性、情境性、协作性和设计性等理念引领下，通过个性化教育以及项目学习的方式，引导学生将学科知识与生活经验相结合，通过一系列丰富多彩校本课程以及创新与拓展性实践活动，有效促进学生养德成才。目前，学校已经建成创客实验室、和合堂、劳动教育室等专业场室，劳动教育专项校本教材有《中医药 C-STEM》《悦读经典与树叶贴画》《四模一电》等。

经过多年的探索实践，学校最终构建了芳香类中草药生产劳动课程，该课程融合劳动、中草药、地理、生物、化学、历史、美术等多个学科内容。自然科学中的物理、化学、生物学等各门学科，其思想方法、基本原理、研究内容都有着密切的联系。同时，生物学和数学、技术是相互渗透、共同发展的。此外，生物学与人文社会学科也是相互影响、相互促进的。因此，加强学科间的横向联系，有利于学生理解科学的本质、科学的思想方法和跨学科的科学概念和过程，有利于学生建立科学的生命观，逐步形成正确的世界观，从而发展学科的核心素养。

3. 创建品牌课程，实现身心相合

除了致力于劳动课程的开发与应用之外，学校还大力建设品牌课程，并形成学校的“一校一品”——美育。2017 年 1 月，“六艺儒苑”特色课程获广州市教育局重点立项。学校构建了以书法为核心的美育课程体系，开展了“悦读经典”与“树叶贴画”STEM 活动，让每个学生都掌握了这一技能，多才多艺已经成为贴在师生身上的一大标签，艺术正在成为学生生活中必不可少的一部分。学校有美育社团 16 个，搭建了各种美育展演平台，开设了丰富多彩的美育活动，取得了丰硕的成果。

学校在广州市教育研究院美术学科于 2017 年举办的以“美育场室・美感空间”为主题的广州市中小学校美术特色场室评选活动中荣获二等奖。学校先后成为广州市第二批艺术（书法）教育重点基地学校和广州市规范汉字书写教育特色学校。2018 年 11 月，学校被广东省教育厅评为广东省第二批艺术教育特色学校。2020 年，学校的美育项目团队被评为广州市中小学高水平团队。

和美的环境文化、和洽的制度文化、和融的课程文化，共同构成了学校和合文化的物化形态，支撑着学校和合办学理念的具体实施，并且极大地丰富了和合文化体系的内涵。和合文化是在学校发展历史积淀而成全校师生共同认同的价值体系，内化为学校师生认同的价值体系，外化为学校的环境和师生的言行。

和合文化的建设是一个没有止境的过程，我们永远都在路上。和合之境是我们每一个“增高人”心存向往并为之不懈努力的教育之梦！正是有了和合文化的历史积淀，和合创生的劳动教育理念才能够顺理成章地应运而生。

第二节　适切教育思想的实践

适切教育是和合文化的具体实践，是和合创生劳动教育理念和构建生产劳动课程的必要前提，更是落实新课程新教材的抓手，具体表现在管理模式、文化建设、师资建设、教学过程等方方面面。可以说，没有近年来的适切教育实践就不可能形成和合创生的生产劳动课程。

笔者通过自己的教育教学实践，提出“适切教育，让每个孩子在对的位置上发光”教育思想，让学校因地制宜，找准属于自己的坐标，适合学生的发展，贴近学生的需要。“适切教育”是重在扬长的教育。教育部基础教育司原司长、原国家副总督学王文湛曾经说过：“发展个性的教育重在扬长。扬长的教育是发挥学生优势的教育，我们要扬长，不要补短。”

笔者所理解的“适切教育”至少包括三个方面的内涵：一是“因材施教”，由生源所决定；二是“因地制宜”，由学校自身的条件所决定；三是“与时俱进”，由时代发展的趋势所决定。

首先是“因材施教”。这一思想的提出者是我国春秋时代的教育家孔子，意思是教育者要从学生的实际情况、个别差异出发，有的放矢地进行有差别的教育，从而获得最佳发展。这是关于适切教育的最早论述。其次是“因地制宜”，出自《吴越春秋》，本义说的是治国之策，在这之前的《孙子兵法》里已经将这种思想应用于战争。实际上教育也是如此，教育者应该依据学校的具体情况以及当地的文化特点来培养适合自身的校园文化，制定适应本校的管理制度，打造独具特色的教师团队。最后是“与时俱进”。《周易》中说：“终日乾乾，与时偕行。”又说：“凡益之道，与时偕行。”这就是“与时俱进”的出处，意思是要变通趋时，把握时机，做出适于时代需要的判断和选择。我们培养的是时代需要的人才，因此我们也应该把握住时代的脉搏，做“与时俱进”的教育。

学校按广州市区类划分，属于广州市第五类生源组学校，学生平均入学成绩在增城区排名大约为5000名，按此入学成绩，这样的学生要想考一个本科大学就已经很困难了，更不用说考取名牌大学。这些学生虽然还处在半成熟的年龄段，但也懵懵懂懂地知道自己的处境并隐隐地为自己的前景担忧、迷茫、焦躁。这样的生源状况让我倍感发展的压力，但更为重要的是它激发了我们的创新意识和探索精神，为我们开创“适切教育”提供了持续的动力源泉。什么是最好的教育？笔者认为，就是要看受教育的主体学生能不能得到发展，可以这样说，适合学生发展的教育才是最好的教育。一是学生要选择一个适合自己发展的学校，二是学校要创造条件适合学生的发展。笔者认为，高中教育如同一个赛场，有的人是跳高冠军，有的人是跳远冠军，还有的人是举重冠军，他们不相上下，各有千秋，才能共同造就一个良好的教育生态。学校应该走多样化、有特色的“适切”学生需要的道路。

一、曲径通幽处，春色倍还人——“适切”管理模式的构建

学校制度能使所发生的一切良好变化持续下去，好的制度因为公平，所以能够促进工作，促进人的发展。

一是转变领导作风，强化团队意识。学校领导班子具备“敬业、勤业，精业、创业”的工作作风。二是构建管理模式，优化资源配置。学校的教学实行“校长负责—层级管理—分工明确—整体协调”的网络管理模式。三是完善教学制度，细化评价方案。笔者提出“教师的优秀产生于科学的数据”，不以任何人的意志或喜好左右评优评先。学校先后获得“广州市示范性普通高中学校”“广东省安全文明校园”“广东省中小学艺术教育特色学校”“广东省书香校园”“广州市规范汉字书写特色学校”“广州市艺术教育重点基地学校”等荣誉称号。

二、星垂平野阔，月涌大江流——“适切”师资队伍的建设

一是强化师德，固优化教学之“本”。“学高为师，身正为范。”师德乃教师安身立命之根，教育教学之本。我校要求教师首先要做人格之师，像春雨润物那样，点点滴滴滋润着学生心田。学校的王龙钦、徐能友、谢利娜、古向文等老师先后参加了广州市“卓越校长或主任”培训。

二是狠抓教研，培高效课堂之“元”。学习型的团队，才是有核心竞争

力的团队。当前学校的教研活动已逐步形成了人文学科与自然学科跨学科融合发展趋势，在周丽红、王开科等老师的带领下，开展了STEM教育、劳动教育等学科融合教育模式的探索与实践。这为当前的生产劳动课程的构建埋下了伏笔。

三、击水擎天柱，鼎新立荔乡——“适切”教育教学的改进

倡导“适合学生发展的教育，重在学生主动发展”。在这种创新教育理念的指导下，深化教与学的改革，深化课程结构的改革，进行教育资源的重新整合和合理配置，全面提高教育、教学质量和管理水平，使新课程的理念和新教材的价值真正落到实处。这是我们进行教学改进的着力点。司马迁在《史记·淮阴侯列传》说：“善用兵者，不以短击长，而以长击短。”美国教育家杜威有句名言：“教育的任务在于发现个人的特长，并且训练他尽量发展他的特长，因为这种发展最能和谐地满足社会的需要。”学校教育要通过“以长促长、以长带短、以长促全”的教育方法，培养在某一方面具有突出优势、人格较为健全的人，将教育观念、教育方法、教育模式、教育体制等作为教育的核心力量去发扬光大。学校教育要充分发现、尊重、发扬每个学生的个性与特长，因势利导，让学生在“扬长”中走向成才、成功之路。

（一）育人为本，心中天使细雕刻——“适切”德育

学生没有良好的习惯，就没有成长的保障。学校通过仪容仪表、日常行为的检查，以及严格学生请假制度，规范了学生的日常行为，进一步促进良好校风的形成。学校制定了《班级常规检查记录表》《宿舍检查评分表》，每学期表彰十大之星，强调评价主体的多元化、评价标准的多样化。教育方式“没有最好，只有最合适”，让真正的人才在最合适的教育方式下绽放他的光彩！

（二）特色为重，多元之路更宽广——“适切”特色课程

特色校本课程，“适切教育”的立足点。一是学校“六艺儒苑”特色课程获得广州市2017年重点立项，化学科组的“青少年科技创新实践探究活动”获得广州市青少年科技教育项目立项。在科技活动方面更是百花齐放，硕果累累。近年来学校申报了7个广州市青少年科技教育项目并获得立项，

如《科技创新教育“我与科学”特色课程开发与实施》等，在各级科技竞赛活动中获得150多项奖项，其中国家级一等奖5项、二等奖6项、三等奖7项。二是“人生规划”特色课程，如“高中生人生规划指引研究”。

建设阳光校园文化让校园充满书香气息。以学校的办学理念为统领，基于“美丽、和谐、活力”的思考，设计校园文化，让学生沐浴在美丽、和谐、充满活力的校园气息当中。“广州市教育局”公众号以【开学季】“先正衣冠，后明事理，教在不言中——广州开学季巡礼”为题，报道了学校师生在“六艺儒苑”广场举行“开学典礼暨开学第一课：经典美文晨诵”的活动情景。

（三）教学为主，文化基础须坚固——“适切”课堂

“最好的教育是教学生会做人，最好的教学是教学生会学习。”在教学改进中，我校着力打造自主探究的智慧课堂，其理论支撑是个性化学习与交互理论。智慧课堂改变了单向交流的授课模式，打破了教师唯我独尊的集权，使学生在灵动鲜活的课堂上自主学习、合作探究，实现了课堂效率的最大化。

四、桃李三千圃，硕果墙外香——办学成果的显现

适合学生发展，是指学校要为学生的发展创造良好的条件。“适切教育”指学校要充分发现、尊重、发扬每个学生的个性与特长，因势利导，让学生在“扬长”中走向成才、成功之路。从习惯观念上说，“扬长避短”是作为“取长补短”的反驳提出的。与其“补短”，不如“扬长”，使长短各依乎自然之理而尽情发挥各自的作用，有道是：“凫胫虽短，续之则忧，鹤颈虽长，断之则悲。”（庄子）从教育理念上说，“扬长避短”是作为“整齐划一”的反驳提出的，它立足于学生的个性、特长、创新。从宏观角度讲，每一个人都存在着一定的长处（优势），同样也存在着一定的短处（弱势）。教育者的任务，就是要善于发现教育对象的优势，并通过各种教育手段，发展并张扬这种优势，为学生将来的成功奠定良好的基础。

（一）教育成绩普遍提高

学校连续七年获得广州市普通高中毕业班工作一等奖，连续三年超额完成高考任务，在美育、劳动教育、STEM课程、中华优秀传统文化教育等方面起到示范引领作用，在全区甚至全市都有一定的影响力。

学生在“校园绘画大赛”“学校艺术节舞蹈大赛”“中小学生诵读中华经典美文表演大赛”“学生规范汉字书写大赛”“中学生田径运动会”“体育大课间评比”“合唱节”“中学师生摄影大赛学校团体组”等一系列竞赛活动中，屡次荣获广州市和增城区一等奖。

（二）教师专业迅速成长

学校实施的各项管理，就像一阵清新的风，吹绿了校园，吹红了教研。学校被命名为广州市第二批中小学校长培训实践基地、广州市中小学教师培训实践基地、广州大学优质生源基地。黎方方老师参加了省级骨干数学教师培训，教研处王开科主任被评为增城区名教师，冯元粉、阮翠芳老师是广州市名班主任，周丽红老师被认定为广州市第三批基础教育系统名校长、被广州市基础教育新一轮“百千万人才培养工程”评为南粤优秀教育工作者。另外，学校有各级骨干教师或班主任近百人。

（三）打造“适切”高中生成长“立交桥”

《国家中长期教育改革和发展规划纲要（2010—2020年）》鼓励普通高中办出特色，其中特色课程是特色办学的基础。“荔风儒韵”“六艺儒苑”是我工作过的两所学校成功获得特色课程重点立项的课程名称。近年来，学校在科技活动中取得了丰硕成果，得到了广大师生和社会一致好评，被《增城日报》《南粤质量》《广东科技报》等多家媒体广泛报道。近几年，学校有数百名学生通过高职院校自主招生被录取到广州民航职业技术学院、广州铁路职业技术学院等院校，他们未来将在南方航空、广铁集团等前景向好、经济建设急需的岗位工作。我们的学生尽管一开始输在起点，但我们通过努力要让他们赢在终点。

正如印度哲学家奥修的名言：“当鞋合脚时，脚就被忘记了。”我们可以这样理解，如同给脚提供合适的鞋，我们必须给学生提供合适的教育。脚之所以能被忘记，恰恰说明鞋之合脚；如果鞋不合脚，脚就会被时时记住。同样，学生在适合自己的教育环境中成长，我们会欣喜地发现他们似乎忘记了自己在学习，忘记了自己在课堂上，而学生的学习热情和效率也会随之被激发。

第二章　劳动教育课程的探索实践

第一节　荔风儒韵：课程体系的建构

“荔风儒韵”特色课程于2012年4月成为广州市首批重点立项普通高中特色课程，在该课程构建和实施过程中已经体现了劳动教育的内容，以职业体验为主要目标的空乘服务课程是该课程体系中最大的特色。该课程实施过程中与广州民航职业技术学院签订了合作协议，作为课程的主要校外实践基地，采取你来我往的合作教育模式，使学生在职业劳动技能方面得到了丰富的体验，表明以劳育人取得了实践成效。2020年教育部印发的《大中小学劳动教育指导纲要（试行）》中提出“注重围绕丰富职业体验，开展服务性劳动和生产劳动，理解劳动创造价值，接受锻炼、磨炼意志，具有劳动自立意识和主动服务他人、服务社会的情怀”。因此，“荔风儒韵”特色课程为劳动教育课程体系的建构奠定了基础。

“荔风儒韵”是在新课程改革的大背景下，以孔子“兴于诗，立于礼，成于乐”教育课程为借鉴，以增城先贤湛若水“兴礼乐，厚风俗，明伦理”的教育思想为宗旨，在不断的探索中逐渐开创出来的一种特色课程。课程名称援引于“立于礼，成于乐”的儒家经典，取材于荔乡“尚礼仪、善歌舞”的民俗民风，传承儒学精神，弘扬荔乡文化。荔城中学（以下简称“荔中”）用“礼韵”和“乐韵”两套并驾齐驱的课程来构建课程体系，注重以航空服务等礼韵课程熏陶濡养学生的品性、增强劳动的观念，以音乐航班等乐韵课程来提升学生的品位，体验劳动的乐趣。荔中希望能给学生铭记终生的教育，为他们未来的人生大厦奠定坚实的基础，让礼和乐成为陪伴他们一生的朋友。荔中旨在培养出“文质彬彬，至信至礼”的合格公民，让他们“在成长中成才，在成人中成功”！

一、“荔风儒韵”特色课程的文化资源

《国家中长期教育改革和发展规划纲要（2010—2020年）》明确提出：鼓励有条件的普通高中根据需要适当增加职业教育的教学内容。荔中积极探索

综合高中发展模式，采取多种方式为在校生和未升学毕业生提供职业教育。校园文化承载于环境，服务于教学，更要落实于课程。课程文化是校园文化的主体，是课程改革的根本。近年来，荔中正是沿着这一办学方向不断深化课程改革，创建了一些符合课改理念的特色课程，走出了一条适合学校发展的特色教育之路。

（一）荔乡地域文化的滋生

增城是广东闻名的荔乡，历史悠久，人杰地灵。增城在地理上虽然偏居一隅，但是传统文化源远流长，这里是客家的聚集地，是多种文化的交汇点。民风淳朴，勤劳致业，言行举止注重合乎礼仪。客家的山歌、龙舟和舞狮远近闻名，被称为岭南粤曲之乡，被学者认为是“研究客家文化最理想的地区”。这里的客家文化不仅继承了“重名节、薄功利；重孝悌，薄强权；重文教，薄无知；重信义，薄小人”的道德价值观念，而且在具有乡土气息的音乐、建筑和习俗中都凝聚着浓浓的荔乡风情，成为研究客家文化和岭南文化的一块珍贵无比的活化石。其重劳动、薄贪婪等为人处世的道德价值观念，比起中原文化的沉勇、荆湘文化的神秘来，增城客家文化既带有浓厚的人文色彩，又富于厚重的求实精神，更集中地体现了岭南文化的精髓。

在增城客家传统文化中，反映“尚礼尚乐”特色的莫过于客家山歌。它是客家文化的瑰宝，也是中国民间文学百花园中一朵色彩艳丽的奇葩。长久以来，客家山歌在增城荔乡广为流传、经久不衰、魅力常存，集中地凸显了“质朴无华、诚信尚礼”地域特色，“东村秀才知书礼，才华无双好信誉”是增城客家山歌“过山拉”的唱句，集中地体现了追求诚信礼仪的民风民俗。尤其值得一提的是，近些年来经过开发整理的卡拉 OK 唱山歌已经公开出版发行，现在的增城人就像离不开早茶一样离不开山歌了。在广场公园、街头巷尾、城镇农村，特别是在荔城段的增江河两岸，随时随处都飘荡着优美的山歌声。除了客家山歌外，还有采茶戏、花朝戏、提线木偶戏和山歌剧等地方戏剧。这些地方戏剧，都用客家方言演唱，词曲腔调带有浓厚的荔乡特色，浅显易懂，客味特浓。

增城客家文化是中华民族文化老树上绽出的新枝，在这绿意葱葱的新枝上，挂满了礼乐文化色彩斑斓的果实。

正是这种濡染着儒家文化的“尚乐尚礼”的民风民俗滋养了美丽仙子何仙姑、南宋栋梁崔与之、明代学士湛若水和太平天国领袖石达开等一大批历史名人，也为“荔风儒韵”课程提供了丰厚的地域文化底蕴。崔与之，学识渊博，开创岭南诗派新风，被誉为“南粤词祖”，“七辞参知政事，十三辞相，千载一人”。他的再传弟子增城人陈大震、李肖龙，拒绝仕元，保持民族气节，归隐乡间教书治学。他们开创的菊坡学派，成为岭南学术的主流。

增城先贤湛若水继承和弘扬了有“明儒心学之先河”的白沙学术，形成社会公认的“陈湛学派”，使岭南文化蜚声海外。从崔与之、陈大震、李肖龙至湛甘泉的460多年，四个增城人薪火相传，奠定了荔乡文化的基石，为丰富发展岭南文化做出了杰出的贡献。人誉增城是岭南文化的重要组成部分，此言绝非谬赞。

（二）学校校本文化的培植

荔中背倚焦石山岭，侧傍东湖公园，青山怀抱、绿水环绕，环境幽雅、景色宜人。在得天独厚的人文地理环境下，充分发挥文化环境的育人功能，努力打造现代儒雅校园。

学生主要来自农村家庭，父母一向对他们懒于管理，疏于教导。由于缺失良好的教育环境和家庭氛围，他们更像是一群未经现代城市文明洗礼的“泥娃娃”，身上保留着乡土的质朴气息，就像是一块未经雕饰的璞玉。种种因素致使他们在融于社会、走向城市文明的进程中既缺乏“言之有理”的言语习惯，又缺失“行之有礼”的行为规范。在社会生活中，人们常常把文明礼貌程度作为衡量一个国家和民族是否发达的标志之一。对个人而言，文明礼貌程度则是衡量道德水准和有无教养的重要尺度。所以，如果忽视对这个教育群体的言行习惯进行教育培养，无疑将会成为现代教育的重大缺憾。

荔中的办学理念集中体现了学校师生的价值追求，在理念的灼照下，集中打造体现理念的校园文化，以此折射出荔中整体精神的价值取向。走进荔中，映入眼帘最为醒目的是校徽、校训、校旗，随处可见以励志为主题的标语、名言，激励学生做有理想、能奋斗的年轻人；巨幅的《论语》和《弟子规》大理石雕刻、孔子等名人像以传统文化为主题，勉励学生做有底蕴、能深思的现代人；社团活动（器乐社、声乐社、舞蹈社、空乘社等）则以展示风采为主题，鼓励学生做有个性、能创造的荔中人；语言文化节、《弟子规》诵读比赛、课本音乐剧展演等活动则以打造书香校园为主题，激发学生做有品位、能承担的“文化”人……

文化是承载着人类精神的符号系统。儒雅校园不仅表现为外在的环境氛围，更是内化为一种独特的精神气质，融汇于“至信至礼，成人成才”的荔中精神，渗透于校园的一草一木，洋溢于师生的一言一行。

入学开始，我们引导学生学会规划人生，鼓励有潜能的学生零起点选修艺术和空乘专业。学习之初，我们强调兴趣的培养，学校组建了空乘社、合唱团、管乐队等社团，举办了艺术节、校园歌手大奖赛、音乐特长生汇报演出等活动，鼓励学生踊跃参与，积极为他们提供丰富的展示平台。

荔中的音乐和空乘特色专业取得了显著的成效，本科上线率及上线人数连续六年居增城区第一，并有多人考取增城区术科状元，为民航学院和各级音乐学院输送了一大批优秀人才，赢得了社会广泛的赞誉。2009 年荔中成为增城市（现增城区）10 所高中中唯一一所“广州市艺术特色学校”，多次受到上级部门表彰，并被《增城日报》、增城电视台等多家媒体报道，受到增城各界广泛的赞誉。管乐社、民乐社、舞蹈社等每年都作为高中学校代表，参加在增城广场举办的各类演出活动。音乐特长生多次代表增城参加省、市比赛，并取得优异成绩。2010 年 12 月，在荔中“芳华十五、多彩荔中”庆祝活动上，千人乐队齐声合奏《欢乐颂》，那雄浑的气势以及表演者的专注和深情，把校庆气氛推上了顶峰，同时感染着现场的每一位观众。与会的领导高度评价了学校的特色课程，他们在发言中说，“荔城中学致力于特色教育的创建，以先进的理念引领教育教学的发展，可以说这是开特色教育之先的创举，已经成为整个增城教育的亮点”。

2010 年“百威 K 歌之王”全国赛冠军刘俊宇，曾就读于荔中音乐特长班，后毕业于星海音乐学院，已是国内小有名气的青年歌星。2011 年 2 月，他和台湾歌手陈信宏一道前往美国洛杉矶参加世界第 53 届格莱美音乐盛典颁奖典礼。2021 年 9 月，刘俊宇同学又专程赶来参加学校十五周年校庆活动，鼓励师弟师妹再接再厉、再创辉煌。2021 年，音乐本科率为 85.71%，舞蹈本科率为 100%，美术本科率为 70.15%，体育本科率为 66.7%。

荔中凭着科学的理念和不懈的探索追求，用十六载艰辛努力，披荆斩棘，抒写了“铸造特色，突出重围”的奋斗赞歌，把素质教育的教育理念化为一个具体而又巨大的惊叹号，牢牢地插在荔乡沃土上，放射着特色教育的熠熠光芒！这些已有的教学成效为学校的发展奠定了坚实的基础，同时也成为开设“荔风儒韵”特色课程的最佳切入点。

我们深深地知道特色课程成败的关键在于课程的开发。为此，我们调动学校精干的科研力量自主开发了体现文化特色的校本课程共10门，其中“礼韵”六门，包括《弟子规》《现代交际与礼仪》《增城历史与文化》《公民素质与修养》《空乘服务》《拓业英语》;“乐韵”四门，包括《音乐入门与竖笛演奏》《客家山歌》《器乐表演》《音乐特长生培训》。为了保证“荔风儒韵”特色课程的实施，图快馆专门采购了一大批图书资料，同时还成立了课题组，并创建了特色课程资源库，方便学生在网上查阅课程的课件、教案、习题等相关资料。

特色学校离不开特色课程，特色课程更需要特色教师。我们为“荔风儒韵”特色课程配备了一支师德高尚、业务精良、经验丰富的师资队伍，由笔者亲自挂帅，同时分管教学、德育和体艺工作的副校长和政教、教学主任也分别担任相关课程的教学工作。因此，整个教师团队责任感强，协作精神好。其中，笔者是广州市名校长，卜海是增城区骨干校长培养对象，音乐老师张连娣在增城区音乐界享有很高的声誉。另外，我们还聘请了广州民航职业技术学院空乘专业的陈伟民教授为指导老师，负责教师的专业培训，并定期为学生授课。

（三）儒家礼乐文化的濡养

儒学是中华文化的精髓，处于全球化时代和转型期的中国继承、发扬和创新儒学是现代教育义不容辞的责任，也是我们作为教育工作者的光荣使命。儒家先贤修身、齐家、治国、平天下的伟大理想和“为天地立心，为生民立命，为往圣继绝学，为万世开太平”的人格光辉千百年来激励着一代又一代中华儿女创造了光辉灿烂的华夏文明。儒家思想的核心是“仁”，其一以贯之的“忠恕”之道，即“己欲立而立人，己欲达而达人”“己所不欲，勿施于人”已经成为全世界共同遵守的普世价值。因此，儒家文化不仅是中国人的精神信仰，更是全人类在物质时代共同拥有的精神食粮。儒家文化作为一种教育资源，可以养成学生“温良恭俭让”的高贵品质，养成学生“仁义礼智信”的高尚人格，培育学生“先天下之忧而忧，后天下之乐而乐”的社会责任感，造就学生“见利思义，成仁取义”的人生观、价值观。

中国古代儒家要求学生掌握的六种基本才能：礼、乐、射、御、书、数。其中，礼乐是中国传统教育的基础，也是儒家思想的重要组成部分。孔子说“不学礼，无以立”，“不能乐，于礼素”。可见在孔子眼里“礼”和“乐”都不仅仅是一种技艺，礼乐教育的目的是培养健全的人格，其根本目的是育人。“兴于诗，立于礼，成于乐。”可以看作孔子教育体系的高度概括，既显示了“成人”的三重境界，又揭示了“立人”所必修的三项课程。荔中展开了“弟子规”和“经典诗文”诵读活动，内容包含儒家经典中“仁”“孝”“敬”“忠”“畏”“恕”等基本思想。对于正在成长中的学生来说，无疑是具有很大的针对性的健康食粮、修身良药。因此，博大精深的儒家文化为我们的特色课程提供了丰厚的文化底蕴。

二、“荔风儒韵”特色课程的综合设计

（一）“荔风儒韵”目标设计

1. 着眼于素质提升

关注学生的特长发展，重视创新意识和实践能力，是素质教育的必然要求。“荔风儒韵”特色课程着眼于素质教育，立足于学校的“立人”理念，致力于以现代的道德礼仪规范人的品格，以高雅的音乐素质提升人的品位，为学生打造多元发展的“立交桥”，从而极大地提升学生的素质。

2. 立足于办学特色

我们还希望通过本课程来深入实践学校的课程改革，打造一批特色名师，并最终推动学校成为特色学校甚至是品牌学校。

（二）“荔风儒韵”课程设计：礼乐并驾，双线齐驱

礼乐并驾是指“荔风儒韵”特色课程由“礼韵”和“乐韵”两部分课程构成，两者同时开设，又可分为通识课程、兴趣课程和专业课程三种。一般情况下高一开设通识课程，高二开设兴趣课程，高三开设专业课程。特色课

程课时充足，普及班每月 8 课时，专修班每周 4 课时。

双列齐驱是指其活动、课程两个系列同时进行，相辅相成、相得益彰。

1.“荔风儒韵”课程系列

（1）“礼韵”课程系列

“礼韵”课程包括交际礼仪、公民修养和空乘服务三门课程。本课程主要由本校老师授课，并定期聘请广州民航职业技术学院的老师为学生讲课。

交际礼仪属于通识课程，包括仪表礼仪、服饰礼仪、举止礼仪、谈吐礼仪等内容。在高一开设，由《弟子规》《现代交际与礼仪》等校本课程组成。交际礼仪课旨在教会学生高雅的仪表风度、完善的语言艺术、良好的个人形象，为生活和事业成功奠定基础。

公民修养属于兴趣课程，包括公民意识、法律文化、公民责任和公民义务等内容。在高二开设，由《增城历史与文化》《公民素质与修养》等校本课程组成。公民修养课旨在教会学生作为一名好公民的基本素养，其核心是要使受教育者正确地认识、积极而负责地参与国家和社会公共生活，以发展国家和社会为己任。

空乘服务属于专业课程，也是核心课程。包括空乘人员职业形象、日常服务礼仪、语言礼仪、公共场合礼仪、餐饮礼仪和面试礼仪等内容。在高三开设，由《空乘服务与礼仪》《拓业英语》等校本课程组成。空乘礼仪是空中乘务专业的专业基础课，其主要的培养目标是培养学生的职业素质和职业形象，为学生今后从事空中乘务工作和航空服务工作打下坚实的基础。

（2）“乐韵”课程系列

“乐韵”课程是从“琅琅读书声”的单一课堂，到“歌声、乐声、书声声声入耳”的复合架构，它使荔中的音乐特色教育有了新的质变，它融合了国家课程与校本课程，拓宽了音乐教育的外延，丰富了教育的内涵，形成了“荔风儒韵”独具匠心的亮点。学校通过对学科教学和特色教育资源的挖掘和目标分类、功能整合、内容选择，架构了学校“乐韵”课程框架。本课程主要由本校音乐教师授课，还会聘请专业的声乐和器乐老师指导授课。学校设立了声乐室、器乐室、舞蹈练功房、古筝室等配套的音乐教学场地和设施，并组建了合唱团、管乐队等学生社团作为辅助的教学手段。

音乐基础课属于通识课程，包括基本乐理、竖笛、音乐发展简史等内容。在高一开设，由《音乐入门与竖笛演奏》《客家山歌》等校本课程组成。通识课程是为学生全面发展和终身发展而设计的，面向全体学生，除国家课程外还包括学校根据音乐特色教育而自主研发的“礼乐”课程。

兴趣拓展课属于兴趣课程，包括班班合唱团、管乐队、词曲写作等内容。在高一和高二开设，由《器乐演奏》《合唱》《音乐创作》等校本课程组成。兴趣课程是为学生经验成长、个性发展，为培养学生的音乐素养而开发设计的，根植于学生的精神世界，是熏陶濡染、实践探究的有机结合。

特长生训练课属于专业课程，包括古筝、黑管、长笛、萨克斯、民族声乐等内容。在高三开设，由《音乐特长生培训》等校本课程组成。专业课程是专为音乐特长班学生设计的，是专业倾向进一步提升完善的阶段。

2.“荔风儒韵”活动系列

活动既是课堂的延伸，又是对教学成果的集中展示和检验。因此，我们把活动纳入课程的范围之内。

（1）《弟子规》诵读比赛

我们借鉴古人研习国学的方法，从诵读开始，并最终内化为人的素质和修养。《弟子规》诵读比赛中，各班频出新招，或配以器乐伴奏，或加入现代元素，或谱以新曲演唱。学生们用自己的才情把国学的内在精神激活。获奖班级还会在每周一的升旗活动中展示风采。通过《弟子规》诵读比赛，一股学习国学的热潮在校园兴起。

（2）礼仪队活动

中国智慧认为“养蒙莫先于礼”，只有对未成年人首先进行礼仪教育，方可能在成人之后成为有德行的人。人们说，细节传递教养，细节体现品质，细节决定成败！礼仪涵养实际上是素质木桶底部的一块板——它在素质整体分量中具有凸显的权重。基于此，学校组建了礼仪队，由空乘社的骨干成员组成。礼仪队在完成课堂授课之后，必须参加礼仪实践劳动，担负迎宾、导引和协助颁奖等工作，经过一段时间的专业训练，他们洗尽了稚气，由羞于见人蜕变为笑颜迎宾。礼仪队以其端庄秀丽、举止得体而远近闻名，增城区举行的教育大型活动，往往会特邀礼仪队参与。在增城区委区政府举办的教师节慰问、贫困生助学金发放等活动中，他们表现出众，惊艳四座，得到了广泛的好评，成为整个活动的一道亮丽风景，更是宣传学校特色课程的一张精美的名片。

（3）成人典礼

学校每年为学生举行成人典礼，学生通过“成人门”，接受老师和家长的勉励，之后在横幅上写下了自己的豪情壮志，最后分享成人蛋糕。通过这一仪式，我们让学生牢记成人肩上的责任，勇敢地面对人生的风雨；让学生明白只有经过拼搏的人生，才能分享着成功的甘甜。

（4）千人竖笛合奏

我们希望每个学生都懂点音乐，会简单的乐器表演，让音乐伴随和影响他们的一生。每一个学生在高一阶段就要求学会竖笛，每逢开学典礼、体艺节等庆祝活动，千人竖笛合奏都会是最激动人心的节目。2021 年 9 月，在学校“芳华十五、多彩荔中”庆祝活动上，千支管乐齐奏《欢乐颂》，把气氛推上了顶峰，感染了现场的每一位观众。“千人竖笛合奏”不仅是学校的品牌，在增城教育界都是独树一帜。

（5）班班唱

每年 11 月举办的艺术节，学校会为每个班都搭建展示的舞台，举办“班班唱”的比赛活动，它不仅展示了校园文化生活，也展示了学校音乐教育的风采，激发了师生们的艺术热情，共谱出一首和谐的校园协奏曲。

（6）音乐航班

通过音乐专业课程的开设，我们打造出“音乐航班”乐韵品牌。每周一次的小型音乐航班，以音乐班学生为主，全体学生积极参与，其目的是检测一周以来的学习效果；每年举办春、夏、秋、冬季大型音乐航班，即由家长参加的音乐特长生汇报演出。“音乐航班”锻炼了学生的演奏能力，进一步奏响了“荔风儒韵”的交响乐。

三、“荔风儒韵”特色课程的发展方向

我们把“荔风儒韵”特色课程的培养方向定位于以“礼乐”提升学生的综合素质，以应对复杂激烈的社会竞争，满足多元社会的人才需求。具体来说：第一年教会“礼乐”的基础知识和技能，第二年巩固和提升“礼乐”的基础知识和技能，第三年培养“礼乐”专长人才（空乘、音乐特长生）。我们希望通过本课程来培养学生的职业意识，增强他们的职业素质；培养他们对传统文化的兴趣，增强他们对家乡文化的认同。我们希望在每一个学生得到全面发展的同时，培养他们的个性和专长，并最终培养出一批有修养、有涵养的高素质人才。

2012 年 1 月，学校与广州民航职业技术学院签订了合作协议书，就空乘专业的人才培养及社会实践等方面达成了合作意向。民航学院为“荔风儒韵”特色课程的创建提供了大量的帮助，为我们解决了后顾之忧。

（一）提升综合素质

学生参加增城区创文、推普等大型活动，获得各级奖项达数百人次。其中，舞蹈《走在山水间》荣获广州市第六届学校艺术节增城赛区一等奖。管乐队曾以《友谊地久天长》夺得广州市中学组一等奖，之后又在2012年8月获得增城区二等奖。“空乘社团”荣获增城区第六届综合实践活动课程实施质量评比一等奖、广州市第五届综合实践活动教学成果二等奖。“荔之风”乐队以《山歌好比春江水》获得2013年增城区中学生校园流行乐队大赛二等奖。

尤其值得一提的是，空乘社、合唱团、器乐社联合举办的“荔风儒韵”特色课程展演活动，那优美动听的歌声、婀娜多姿的舞蹈、散发着浓浓的荔乡风味的作品，让每一位到场的领导、嘉宾啧啧赞叹。整个活动不仅充分展示了学生们的才艺，而且表达了学生们对荔乡增城无比的热爱之情。与会的一位家长深有感慨地说：“我们的孩子本来是一个稚气未脱的泥娃娃，来到学校参加特色课程之后终于变成了一个金娃娃。”

（二）培养多元人才

2012 年 78 名学生通过高职院校自主招生录取到广州民航职业技术学院、广州铁路职业技术学院等院校，他们未来将在南方航空、广铁集团等前景向好、经济建设急需的岗位工作。我们发现在这些学生中，有部分学生的入校成绩在增城区 6000 名以外，其中一些学生还曾有过退学的冲动，正是“荔风儒韵”特色课程重新激发了他们学习的欲望，不断地进步使他们在强手如林的竞争中能够通过笔试、面试，最终实现成功突围。被广州民航职业技术学院空中乘务专业录取的赖焕威同学在总结中写道：“面试非常顺利，我只是把它当作上课回答老师的提问一样，‘荔风儒韵’特色课程锻炼了我的勇气和自信，我可以经常表达自己的观点，还可以跟老师和同学争辩，所以面对考官的时候我才能应付自如，并给他们留下了深刻的印象。”被同一专业录取的甘嘉怡同学说：“面试中一道题要求用英文做自我介绍，英语口语虽然不是我的强项，但是我们的‘荔风儒韵’特色课程毕竟提供了很多这样的机会来展示自己，面对考官我也不紧张了。”很显然，这些学生的成功都得益于“荔风儒韵”特色课程的习惯培养和素质积淀。2011 届毕业生，曾就读于广州民航职业技术学院的黄子健、黄嘉豪、张鸿鹏等同学如今已经在中国国际航空公司工作。

2021 年，高考成绩是：重点和本科上线人数为 236 人，本科上线率为 47%，比 2020 年高考提升了 12 个百分点，升学率 100%。同时，体艺高考同样取得辉煌成绩，本届高考本科上线 83 人，本科率为 74.78%；美术本科率为 70.15%；音乐本科率为 85.71%；舞蹈本科率为 100%；体育本科率为 66.7%。

（三）彰显校本特色

“荔风儒韵”特色课程的实施，就像一阵清新的风，吹绿了校园，吹红了教研。笔者的论文《音乐在教育教学中的效能探究》及《荔风儒韵　礼乐立人》在期刊《中小学德育》上发表；国家级课题子课题“如何通过器乐教学激发学生对学习音乐的兴趣与自信”已结题；课题“高中生人生规划指引研究”和“‘荔风儒韵’课程实践性探究”分别被广州和增城立项；2012 年 12 月承办了增城区特色课程建设经验交流会，先后接待了数十所学校的代表到学校参观学习特色课程建设。张连弟、黎春霞老师的客家山歌公开课分别获得广州市优质课评比一、二等奖；罗细添老师的校本课程《增城历史与文化》被评为增城区第三届教研成果二等奖；历史科组的课题“增城历史文化对学生优秀品质养成的影响研究”已申报增城区“十二五”规划课题；“增城客家山歌中的礼乐精神”已成为学校研究性学习的经典课题；2012 年学校被认定为广州市或增城区骨干教师的有 13 位；“荔风儒韵”特色课程荣获广州第三届中小学德育创新成果一等奖；2013 年荣获第一批（普通高中）广州市特色学校。

党中央提出要实现中华民族伟大复兴的中国梦。中国梦是由每个中国人大大小小的梦组成。作为教育工作者，我们也有一个梦，梦想通过努力，让那些输在起点的学生，通过特色课程的学习赢在终点，笑到最后，使别人眼中的“泥娃娃”转变成社会公认的“金娃娃”，让荔乡的山村里真正飞出金凤凰！

很显然，“荔风儒韵”并非一个完整的劳动课程体系，但是在当时的社会背景下，已经自觉地融入了劳动教育课程，把职业体验和劳动价值体认作为课程目标之一。另外，“荔风儒韵”对我们后来的芳香类中草药生产劳动课程体系的建构与实施提供了一套成熟和成功的实践经验，这是最为难能可贵的，与当前新课程的理念是一致的。

第二节 六艺儒苑：课程功能的重构

“荔风儒韵”特色课程为和合创生的普通高中生产劳动课程奠定了课程建构的实践基础，并积累了一系列校本课程开发与实施的理论和经验。但其离劳动课程还有很大距离，所以探索仍在进行。《大中小学劳动教育指导纲要（试行）》（以下简称《纲要》）要求“学校要将劳动习惯、劳动品质的养成教育融入校园文化建设之中”。劳动课程要积极融入学校文化，甚至形成具有一定特色的劳动文化。我们知道文化的传承与创新对于学校未来发展起着至关重要的作用，因此立足自身的历史传承，结合学校的教育实态与教育主张，不断探寻新的发展思路，才能推动学校的创新发展。广州市增城区高级中学（以下简称“增中”）立足弘扬国学经典的办学传统，秉持“和合”办学理念，以“六艺儒苑”校园文化景观为载体，尝试创新与发展学校的特色课程，在传承与创新中走出了一条文化立校之路。这便是在2016年12月获得广州市重点立项的“六艺儒苑”特色课程。

一、“六艺儒苑”：打造体现学校文化的校园景观生态

儒学是中华文化之主脉，继承、发扬和创新儒学是现代教育义不容辞的责任。多年来，学校秉持“和合”理念，形成了弘扬国学经典的办学传统，致力于培育知书识礼、素质全面、个性鲜明的儒雅学子。“和合文化”强调人与自然、人与自我、人与他人、人与社会的和谐，倡导师生在尊重差异的基础上，善于从异质事物中吸取合理成分，进而提升生命质量。因此，学校教育应给予学生“和”的修炼与“合”的气度，引领学生认识、接纳和肯定自我，对未来充满自信，追求自我完善，在不断学习、反思、重构与再实践的过程中，在认识今日之我不足的基础上，创造更为完美的明日之我。个体行为的“和合”既是自身素质和修养的体现，也是中华优秀传统文化价值观的体现。

2014年3月26日，教育部下发《完善中华优秀传统文化教育指导纲要》，指出加强中华优秀传统文化教育的重要性和紧迫性，并明确指出：“加强中

华优秀传统文化教育，是深化中国特色社会主义教育和中国梦的重要组成部分，是构建中华优秀传统文化传承体系，推动文化传承创新的重要途径，是培育和践行社会主义核心价值观，落实立德树人根本任务的重要基础。”习近平总书记在纪念孔子诞辰 2565 周年国际学术研讨会暨国际儒学联合会第五届会员大会开幕会上讲：“孔子创立的儒家学说以及在此基础上发展起来的儒家思想，对中华文明产生了深刻影响，是中国传统文化的重要组成部分……中国优秀传统文化的丰富哲学思想、人文精神、教化思想、道德理念等，可以为人们认识和改造世界提供有益启迪，可以为治国理政提供有益启示，也可以为道德建设提供有益启发。”2015 年国务院办公厅再次发出《关于全面加强和改进学校美育工作的意见》，提出“注重校园文化环境的育人作用。……要让社会主义核心价值观、中华优秀传统文化基因通过校园文化环境浸润学生心田”。基于此，学校以校园文化景观建设为抓手，充分发挥校园文化环境的育人功能，借助物化形式直观而艺术地展示学校的文化理念，使校园景观既是一道美丽的风景，也成为传达办学理念、展现办学历史的独特载体。

2014 年 9 月，在校友的资助下，学校确立了学校文化新标志——以孔子雕像和六艺屏风为核心的“六艺儒苑”，以此进一步丰富学校“和合”文化的内涵，使学校教育根植于丰厚的传统文化土壤之中，使学校立德树人工作拥有更深厚的伦理根基。“六艺儒苑”之校园标识景观以高 3.3 米的孔子雕像为中心，正面是全开放面积为 3000 余平方米的小广场。广场两侧由师生一起种下了两排长青小树，并点缀花草，寓意朝气蓬勃的芸芸学子恭恭敬敬地聆听圣贤先师的教诲。孔子雕像的背面是一面长 7.2 米、高 3 米的大理石雕刻屏风，正面是“礼、乐、射、御、书、数”之传统六艺浮雕图，背面则镌刻《四书》经典名句。由此，图文并茂地呈现儒学文化中励志修身的内容，让师生每天都能与历史对话，与经典同行，聆听圣人教诲，启迪智慧，净化心灵，“和合”修身，不断提升人文素养。

孔子雕像与石刻屏风构成了“六艺儒苑”景观的核心部分，与之呼应的则是南北两条文化长廊：丰子恺漫画长廊、传统书法及科技创新长廊。课余，师生信步于此，或沐浴孔风雅韵，欣赏中华传统书法和绘画艺术，感悟中华文化之博大精深；或感慨同伴科技创新作品之精巧构思，畅想美好未来。

在这里，传统与现代交织，召唤学生提升自身素质与修养，不断增强文化自信，形成文化自觉，立志做中华文化的传承者和现代科技的创新者。

一雕像一屏风一广场两长廊，构成了彰显学校儒家文化思想的生态景观系统。“六艺儒苑”景观系统立足校本，突出特色，彰显了学校以弘扬儒学传统文化为核心的教育追求。通过以师生价值追求和精神素养拓展为目的的景观建设，实现了校园文化内涵的创新与丰富，营建了师生共同成长与发展的文化生态环境与氛围。同时，这一景观系统的落成，也完成了一次学校特色文化环境的统整与内涵提升，实现了以校园文化标志凝聚校园精神的构想。2015 年，在广州市教育局举办的“粤美校园文化”系列评选活动中荣获一等奖，学校以“微景浓缩文化精髓，文化滋养筑梦人生”为主题，围绕“六艺儒苑”景观内涵，引领师生深入思考和提炼处于发展中的校园文化。

二、“六艺课程”：重构“六艺儒苑”的文化景观功能

我们认为，“六艺儒苑”不仅是学校一道亮丽的校园景观，更应充分开发其应用的教育功能与价值。学校将“开学典礼暨开学第一课——经典美文晨诵”活动，《弟子规》《菜根谭》经典诵读比赛，十八岁成人礼，培养良好习惯收获美好人生——学生内务整理大赛，班级特色体育艺术节，迎新嘉年华

等活动现场，都设在“六艺儒苑”开放广场。在先贤的指引下，让学生感悟中华传统文化的精神内涵，体验中华传统美德的精神力量。由此，以中华传统美德律己修身，正心笃志，逐渐成为师生的精神追求，而豁达乐观、积极向上的人生态度和坚毅恒勤、感恩孝悌的人格品质更是内蕴其中。如今，“六艺儒苑”成为师生读书习文、生活成长的诗意栖居之所。

但学校也深知，要充分开发“六艺儒苑”校园景观的功能，必须通过课程去得以实现，课程是学校工作的核心，更是提升学校办学品质最重要的载体。因此，学校将儒家传统“六艺”课程精神与现代教育要求相结合，构建了“六艺儒苑”特色课程体系。

“六艺儒苑”特色课程以修习礼仪、书法、语言、健体、艺术、科技之增中新“六艺”为抓手，构建儒风精神家园，激发学生潜能，促进学生“和合”修身，实现知书识礼、素质全面、个性鲜明的发展愿景。学校期望通过“六艺儒苑”文化探寻，力求成人与成才共育，既帮助学生寻找人生目标和价值追求，又助力学生增长生活技能和本领；人文与科学并举，既唤醒学生善良之天性，涵养美好德行，又激发其潜能，实现个性成长；当下与未来兼顾，既为芸芸学子未来幸福生活奠定基础，又关注其当下校园生活之幸福快乐；传承与创新相融，既吸纳传统儒学文化之精华，又顺应培育学生核心素养之时代要求。“六艺儒苑”寄寓了增中人弘扬儒家文化，尊重生命的多样性，营造良好教育生态的理想。

“六艺儒苑”特色课程包含“一体两翼三层六类”：“一体”指特色课程的总体培养目标——培养知书识礼、素质全面、个性鲜明的儒雅学子；“两翼”指课程的两个系列——人文素养和科学素养；“三层”指课程的三个能力要求和修习要求，每一系列课程都按照通识、兴趣、专业三个层次进行设计，高一开设通识课程，高二开设兴趣课程，高三开设专业课程；“六类”即根据“六项修炼”而设置的六个课程类型：礼仪类、书法类、健体类、审美类、语言表达类、科技类。

例如，人文素养课程系列中的礼仪类通识课程包括交际礼仪和公民修养。交际礼仪综合中华文明古国传统礼仪与现代社交文明礼仪，旨在教会学生以高雅的仪表风度、完善的语言艺术、良好的个人形象，展示自身的气质修养，赢得尊重，为生活和事业成功奠定基础。公民修养则属于兴趣课程，包括公民意识、法律文化、公民责任和公民义务等内容，由《增城历史与文化》《公民素质与修养》等校本课程组成，旨在培养学生作为一名好公民应具备的基本素养。

书法类课程包括通识课程《书法·书写·规范》、兴趣课程《书法练习指导》《书法作品欣赏》和专业课程《楷书经典碑帖临摹》《隶书经典碑帖临摹》，从激发学生的书法兴趣，养成书法欣赏能力和审美情趣，到专业技法的提升，形成分层递进的课程内容。健体类课程则由通识课程《生命大课间》《八段锦》、兴趣课程《乒乓球初级教程》、专业课程《乒乓球特训教程》组成，旨在帮助学生养成健康的学习与生活方式，拥有热爱生命和享受生命的能力。

科学素养系列课程则源自学校十余年的“我与化学”科技活动，如今，已由化学学科发展到数学、物理、生物、地理、信息和通用技术学科，形成了人文与自然学科融合的趋势。学校将诸多科技活动转化为课程资源，开发了科技创新教育“我与科学”系列教程。它包括基础性教程《感悟身边的科技》、过程训练性教程《探究身边的科技》和创造性能力训练教程《创新身边的科技》，以适应不同年级学生的不同活动水平和发展需要。

“六艺儒苑”特色课程与孔子的教学理念、新“六艺”相对应，体现了传统文化与现代教育教学的统一。在实践上，对提升师生的科学与人文综合素养产生了深远影响。在“六艺儒苑”精神激励下，学校传统文化教育不断取得可喜成绩，学校获评为首批广州市培育和践行社会主义核心价值观示范校……学校将以此为契机，通过特色校园文化的不断创新和展示，实现校园文化的良好传承，共筑广州“好教育”梦想。文化建设的关键不是物的建设，而是人的建设，尤其是人心的建设和价值观的形塑。我们深信，一种文化引领着一个群体的前进方向。学校正以传习先贤六艺之道，引领师生践行先贤成人之道，并以此不断培育学校更加深厚的文化底蕴。

跟“荔风儒韵”特色课程相比，最大的不同是实现了课程功能的重构，实现特色课程由建构性到文化性的提升。这就为我们后来建构芳香类中草药生产劳动课程提供了新的基础。

第三节　以劳育人：课程的时代推动

"荔风儒韵"和"六艺儒苑"两个特色课程的开发与实践，为接下来的劳动教育课程开发提供了非常扎实的课程基础和实践经验。随着新时代劳动教育的开展和新课程新教材的实施，特别是劳动成为一个独立的学科以后，和合创生的生产劳动课程应运而生。

一、劳动教育的时代背景和重大现实意义

劳动教育在我国教育史上源远流长。从儒家的"六艺"，到马克思的"教育必须与生产劳动相结合"，再到中共中央、国务院《关于全面加强新时代大中小学劳动教育的意见》，都体现了劳动教育的强大生命力和独特育人价值。尽管不同历史时期劳动教育的形态有所不同，但却一以贯之，经久不衰。

劳动教育具有深刻时代背景和重大现实意义。2020年3月20日中共中央、国务院发布《关于全面加强新时代大中小学劳动教育的意见》(以下简称《意见》)，进一步指出劳动教育的重大意义："劳动教育是中国特色社会主义教育制度的重要内容，直接决定社会主义建设者和接班人的劳动精神面貌、劳动价值取向和劳动技能水平。""近年来一些青少年中出现了不珍惜劳动成果、不想劳动、不会劳动的现象，劳动的独特育人价值在一定程度上被忽视，劳动教育正被淡化、弱化。对此，全党全社会必须高度重视，采取有效措施切实加强劳动教育。"指出劳动教育总体目标："通过劳动教育，使学生能够理解和形成马克思主义劳动观，牢固树立劳动最光荣、劳动最崇高、劳动最伟大、劳动最美丽的观念；体会劳动创造美好生活，体认劳动不分贵贱，热爱劳动，尊重普通劳动者，培养勤俭、奋斗、创新、奉献的劳动精神；具备满足生存发展需要的基本劳动能力，形成良好劳动习惯。"赋予劳动教育基本内涵："劳动教育是国民教育体系的重要内容，是学生成长的必要途径，具有树德、增智、强体、育美的综合育人价值。实施劳动教育重点是在系统的文化

知识学习之外，有目的、有计划地组织学生参加日常生活劳动、生产劳动和服务性劳动，让学生动手实践、出力流汗，接受锻炼、磨炼意志，培养学生正确劳动价值观和良好劳动品质。”

本文聚焦《意见》对加强劳动教育的新要求，遵循建构主义教育规律，通过针对性的劳动教育激发学生内在潜能，引导学生树立正确的劳动价值观，涵养出深厚的劳动情怀，并拥有创造幸福生活的能力。展开学校劳动教育规范化建设，构建具有中国特色和体现时代特征的综合性、实践性、开放性、长效性普通高中项目化劳动教育实践体系，通过体系化、课程化的教育，有效解决一些青少年不珍惜劳动成果、不想劳动、不会劳动、忽视和淡化劳动等问题。

二、对普通高中劳动教育现状的实证研究

采用文献法和调查法对劳动教育现状进行研究。调查的主要样本是广州市中小学，以及国内其他地区的部分普通高中。之所以采用“广州市中小学”的劳动教育数据，是因为区域教育客观上存在的关联性，较低学段的相关情况也直接影响普通高中劳动教育的内在发展。2020 年 7 月教育部印发《大中小学劳动教育指导纲要（试行）》（以下简称《纲要》）规定劳动内容：“主要包括日常生活劳动、生产劳动和服务性劳动”三类。因此，调查研究主体包含劳动教育总体情况和以上三个实施维度，采用了直接调查和间接查阅资料等方式。

（一）普通高中劳动教育发展趋势文献调查

本文以“高中劳动教育”“劳动教育项目化”“高中劳动教育项目化”为主题进行检索，结果如表 2–1 所示。

表 2–1　2017 年 1 月—2020 年 8 月高中劳动教育相关文献发表数

主题词	年份			
	2017	2018	2019	2020
高中劳动教育	9	5	27	39
劳动教育项目化	0	1	6	4
高中劳动教育项目化	0	0	1	1

资料来源：检索自中国知网（CNKI）。

将表 2-1 内容转化为变化趋势图（见图 2-1）：

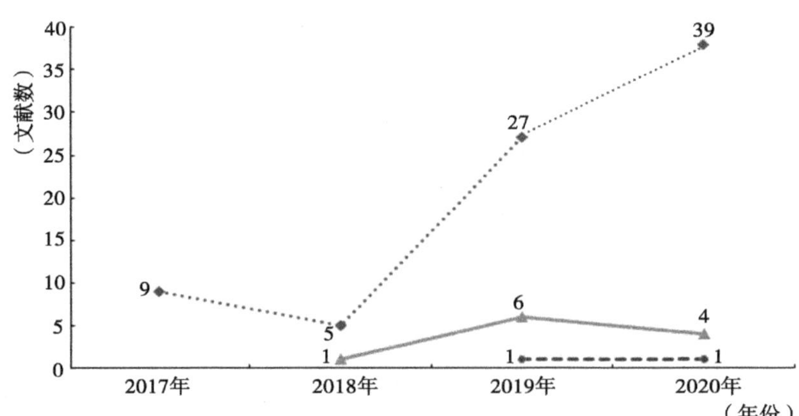

图 2-1　2017 年 1 月—2020 年 8 月国内高中劳动教育相关文献发表趋势

分析与结论：从趋势图看到，2017—2020 年已经发表的“高中劳动教育”文献总数不多，只有 80 篇。“劳动教育项目化”更少，尤其是“高中劳动教育项目化”很少被关注。说明国内劳动教育正在理解与起步之中，而项目化劳动教育也正处于探索的初期阶段。

（二）广州市中小学劳动教育发展状况调查

接着，对 2019 年广州市劳动教育状况进行了实证研究。主要从日常生活劳动、生产劳动和服务性劳动三个实施维度对劳动教育进行内容分类统计，相关数据已经通过专项评比活动得到效度和信度检验，一定程度上能够反映目前广州市的劳动教育整体状况（见图 2-2、表 2-2）。

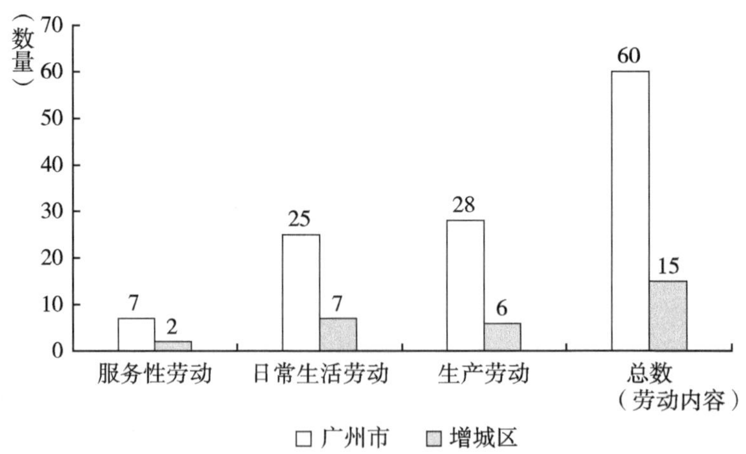

图 2-2　2019 年广州市中小学劳动教育成果评选获奖成果分类

表 2-2 广州市、增城区三类劳动获奖数据分析

活动类型划分	广州市（项）	各类型活动占比（%）	11 区平均数（项）	11 区平均占比（%）	增城区（项）	增城区占比（%）
日常生活劳动	25	41.67	2.27	3.78	7	11.67
生产劳动	28	46.67	2.55	4.25	6	10.00
服务性劳动	7	11.67	0.64	1.07	2	3.33

数据来源：广州市教育研究院 2019 年广州市中小学劳动教育成果评选活动统计。

分析与结论：

广州市中小学三类劳动中日常生活劳动获奖数量较多，有 25 项，占总数（60 项）的 41.67%。虽然比例较高，但形式限于单纯的自我服务性劳动，几乎没有学校形成系统的项目化日常生活劳动教育。服务性劳动获奖数量最少，有 7 项，占总数的 11.67%。服务性劳动相对零散，系统性服务他人和自觉性的劳动服务活动形式较少。生产劳动获奖数量最多，有 28 项，占总数的 46.67%。

从数据分析可以看出，广州市中小学劳动教育整体缺乏项目化系统性设计，三大类劳动都较少形成很好的项目化系统；但也可以看到，生产性劳动具有一定的实践基础。还有一个特别现象：在三大劳动类型中，增城区获奖数量是广州市其他行政区的 2 ～ 3 倍。说明在劳动教育推进中，增城区力度较大，参与面更广，效果显著，其劳动教育探索在广州市具有一定的代表性。

（三）广州市增城区高中劳动教育状况调查

对广州市增城区 11 所普通高中进行劳动教育状况调查，主要因子是各校劳动主题及内容，包括劳动类型、劳动项目、配套设施和劳动场地等（见图 2-3、图 2-4）。

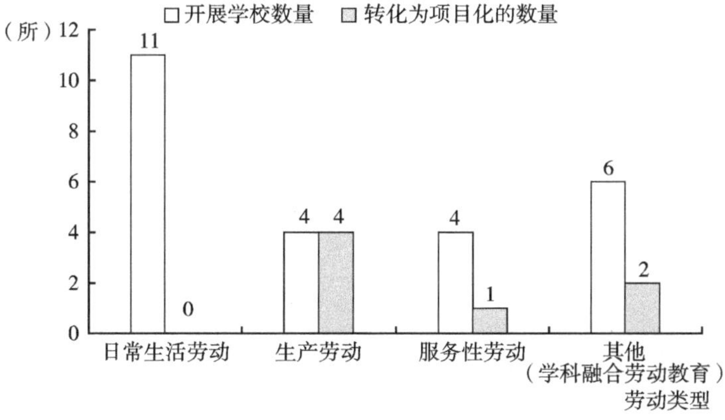

图 2-3 增城区普通高中各类劳动转化为项目劳动情况统计

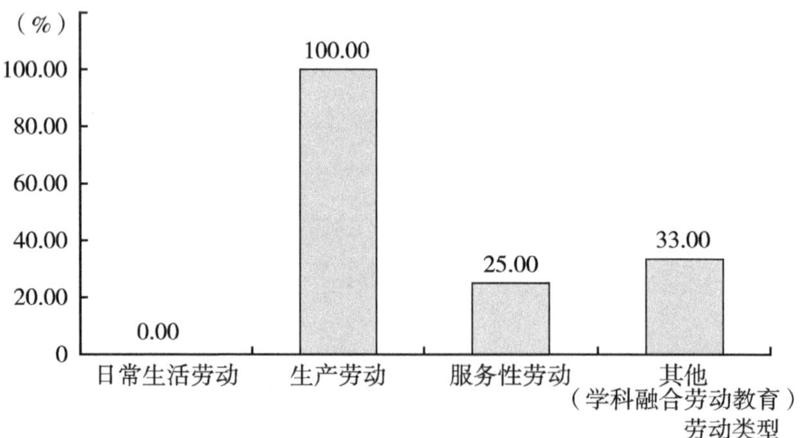

图 2-4　增城区普通高中各类劳动转化为项目劳动的比率图

以上资料来源为 2020 年 10 月增城区各校综合实践科组长提供的相关原始数据。

分析与结论:

广州市增城区 11 所普通高中都能够积极开展劳动教育，日常生活劳动开展率为 100%，其中开展了生产劳动和服务性劳动的学校各有 4 所。

各校将劳动教育进行项目化转化的意识较强，目前已经有 6 所高中开展了项目化劳动教育，另外有 3 所学校的项目化劳动也正在规划中。多数学校都重视校内劳动实践基地（如种植园等）和劳动教育场室（如校内产品生产加工室等）等硬件设施的建设。三大劳动类型当中，生产劳动项目化程度最高，达 100%。在 4 个生产劳动项目中有 4 个属于农业生产劳动，这跟增城区的地理位置有很大关系。增城区地处广州市东部，是传统的农业区，农业生产较为发达，而学校又大多位于城乡接合部，因此开展农业生产劳动具有得天独厚的优势。但日常生活劳动仍然处于碎片化阶段；服务性劳动项目化条件要求较高、开展难度较大，这与普通高中的学段性质是相吻合的。

整体来看，目前仍然存在三方面的问题。一是仍有一半以上学校对劳动教育内涵还处于探索之中，对三大劳动类型区分不清。二是尚未将劳动教育作为一门独立学科进行教学，而是作为学科教学的一部分。三是项目化劳动还处于起步阶段，取得系统性项目建设成果的学校还不多。

（四）国内普通高中劳动教育发展状况调查

山东师范大学王飞、徐继存近年来对东、中、西部6省36所学校（含6所普通高中）进行的劳动教育实证调查得出相关数据：基础教育阶段有86.90%的学校开展过一定形式的劳动教育，其中普通高中开展过劳动教育的学校占82.20%。基础教育阶段开展过日常生活劳动的学校占98.70%，开展过生产劳动的占60.30%，开展过服务性劳动的占44.50%。与广州市的相应数据进行对比可见，基于国内6省的这一调查结果与广州市及增城区劳动教育类型分布比例及变化趋势大体相符，说明在国内不同地区、不同学校之间在新时代劳动教育开展方面，仍然存在着共同的内在规律，也面临着许多相似的困难与问题。

王飞等在实证调查的基础上指出"由于缺乏系统性设计导致劳动主题和内容的连通性、层次性、创新性不足，影响了劳动教育提升学生劳动素养的效力"。因为缺乏技能的劳动与其社会发展现实和未来趋势的连通性较弱，容易形成对劳动的不当认识和定位，而内容和形式的创新性和连续性是劳动教育有效实施的关键。因此，劳动的内容和形式设计非常重要，体现了劳动的创造性。这一系列实证研究结论，与广州市基础教育阶段劳动教育实践情况相当吻合。

三、普通高中劳动教育存在的问题及应对策略

经过对上述各项调查情况的分析与综合，发现普通高中劳动教育存在着许多深层次的结构性与系统性问题。我们以《普通高中课程方案（2017年版2020年修订）》为依据，以新教材的内容为基础，从教育实践的视角出发，从项目化、创意化、体系化、课程化等方面进行归纳总结，然后以项目实践和课程建构的方式，提供了国家课程校本化的方案。

（一）项目化：构建劳动教育情境化平台

从以上调查可以看出：当前已经开展劳动教育的基础教育阶段学校仍然主要限于非系统化、非常态化、非项目化的劳动活动，且主要分布于课间和课外活动中。劳动主题单一，形式单调，缺乏关联的情境性和真实的体验性，其主要原因是缺乏项目化的劳动实践，而情境化和体验性是劳动教

育的基本特质。应对策略是按照教育部《纲要》“围绕劳动能力的培养，让学生完成真实、综合任务，经历完整劳动过程。注重劳动价值体认，引导学生从现实生活中发现需求，选择和确定劳动项目。”的要求，围绕劳动能力培养目标，结合高中学生认知发展特点，引导学生从现实生活中发现需求，选择和确定劳动项目，为劳动教育提供情境化和体验性的项目化实践平台。

（二）创意化：进行劳动项目结构化创新

调查显示，普通高中劳动教育的开展形式单一、零散，即使生产劳动也主要限于简单的动手操作，对创造性能力的关注度普遍不足，而且科技与创新含量偏低。有些学校即使有了一定的项目化平台和劳动基础，也还缺乏对劳动项目进行结构化创意创新设计的主动意向与切实方法，缺乏对劳动项目进行整体性的综合优化创新，难以提高项目的创新性和科技含量。说明仅仅有了项目化平台还是不够的，还必须对劳动项目进行结构化创意和创新设计。因此，必须按照《纲要》“强化规划设计意识，充分发挥学生的主动性、积极性、创造性，引导学生对项目实践进行整体构思，综合运用所学知识、技术，不断优化行动方案。”的要求，运用系统综合方法，引导学生对项目进行整体构思，综合运用所学知识技术对劳动项目进行内涵创新，实现项目结构化创新与生产性创意，提升劳动项目的创新性与科技含量，增强劳动教育的趣味性和创造性。

（三）体系化：注重劳动项目体系化整合

调查还显示，虽然当前开展劳动教育的学校较多，但系统开展的学校偏少；而将劳动教育系统化，有意识引导学生劳动观念和情感发展，促进学生劳动技能提升的学校比例更低。学校对劳动系统的培育不足，普遍缺乏整体性和系统性的劳动项目体系化建构，导致劳动教育缺乏自主性的内在发展动力。普遍存在的随意性和碎片化的劳动活动，割裂了劳动教育自身的体系性，难以形成劳动教育的长效机制。因此，必须紧紧围绕劳动教育总体目标，对学校劳动教育项目进行有目的、有计划、有组织的整体性和体系化整合，打开劳动教育的科学化、常态化和长效化实施路径，系统性地培育学生的劳动价值体认和劳动技能。

（四）课程化：实现劳动教育课程化建构

项目的有效实施是落实项目化劳动教育的关键性实践环节。但目前普通高中普遍缺乏项目实施所必需的稳定有效的实践策略与实施模式，多数学校在项目实施环节中难以取得突破，仍停留在经验性活动组织之中。学校在实施大型和复杂劳动项目时存在课时和场地有限性矛盾，缺乏高效的项目化劳动教学组织策略。当前学校普遍缺乏劳动教育课程化长效机制，是造成部分青少年“不想劳动、不会劳动”的主要内在原因。解决此问题的策略是遵循《纲要》“整体规划劳动教育。学校是劳动教育的实施主体，应根据国家相关规定，结合当地和本校实际情况，对劳动教育进行整体设计、系统规划，形成劳动教育总体实施方案。方案要明确劳动教育目标内容、课时安排、主要劳动实践活动安排、劳动教育过程组织与指导及考核评价办法等。”要求构建项目化劳动课程体系和实施与评价方案，从根本上解决劳动教育中存在的结构性问题。

四、普通高中劳动教育的典型实践及成效

以广州市增城区高级中学为例，其劳动教育选择了体系化建设之路。从项目创生、创意设计、课程建构到课程实施，进行了系统性的探索与实践。为了构建劳动教育课程化长效机制，运用系统论方法整合课程系统。围绕劳动教育目标，将连续化的劳动项目进行系统分类构成项目体系，然后进行有计划、有组织的项目设计与实施。经过系统整合，克服了劳动教育的随意性、零散性和碎片化现象，对学校劳动教育进行整体化、系统性设计，将劳动教育课程化，系统性地培育学生的劳动价值和劳动技能。经过系统整合建构，形成了“芳香类中草药系列产品”生产，并使之成为一个体系完整、内容充实和实施有效的普通高中生产劳动课程体系。它基于校本资源，衔接学生认知基础，融合传统文化和现代科学，具有时代特征和价值意蕴。目前该课程已经形成包括工业、农业和手工生产 3 个系列、9 类专题和 40 种创意产品。课程内容丰富、形式多样，能够充分尊重学生多样化、自主性的选择需求。劳动产品更能满足学生生活和审美方面的现实需要，提升他们的生活品质。具有鲜明时代特征的“芳香类中草药系列产品”生产劳动课程在广州市多所高中学校得到积极评价与推广应用。

第三章　学科融合的项目化劳动

第一节　劳动项目的文化与资源统整策略

一、学校劳动教育类型的科学选择策略

（一）科学选择与确定劳动教育类型

2020 年 7 月教育部印发《大中小学劳动教育指导纲要（试行）》，规定劳动形式“主要包括日常生活劳动、生产劳动和服务性劳动”三类，要求“围绕劳动能力的培养，让学生完成真实、综合任务，经历完整劳动过程。注重劳动价值体认，引导学生从现实生活中发现需求，选择和确定劳动项目”。基于皮亚杰的认知阶段性发展理论，我们认为随着高中学生情境性认知能力的发展，高中学段推进生产劳动符合学生知识基础和认知结构，符合建构主义认知发展阶段性规律。同时，结合生产劳动所具备的四大特点：综合运用知识技术，经历完整创造过程，强化规划设计意识，提高创意物化能力。因此，学校将生产劳动的项目化作为增中普通高中劳动教育的重点发展方向，以此开展项目化劳动教育。生产劳动蕴含文化融合、知识技术、创造过程、规划设计、创意物化、综合创新等多种变量，它们共同决定了生产劳动的跨界性、复杂性、动态性和综合性特征。所以，生产劳动在三大劳动（相对日常生活劳动和服务性劳动）中是一种复杂程度和综合程度较高的劳动形态，是一类比较适合于高中及以上学段的劳动教育形态。

（二）劳动教育类型之间相互关联

增中虽然统筹选择以生产劳动为主的劳动教育形态，但实际上并未割裂与日常生活劳动和服务性劳动的联系。这是因为，生产劳动是各种形式劳动的基础，其目的是获得物化的成果；生产的成果需要通过运输、销售等服务性劳动送到消费者手中；进而，生产劳动的成果最终都要通过服务性劳动或生活劳动满足人的各种生存和发展的需要。服务性劳动是利用生产成果满足他人需要，生活劳动是利用生产成果满足自己的需要。劳动教育实践的确立原则是根据校本资源和学校教育传统优势，选择劳动类型，构建项目系统，

探索劳动教育实践路径。一旦选择并确立了生产劳动类型，便大力投入生产劳动项目建设。增中“芳香类中草药产品生产劳动课程”（以下简称“本课程”）采用的主要策略与工作步骤是：第一，融入传统中医中药文化，结合时代需求构建生产劳动项目系统；第二，综合利用学校资源条件，进行项目资源开发建设；第三，探索生产劳动项目化机制与实施策略；第四，研究生产劳动项目的本质、特征与选择依据。本课程以项目化生产劳动和实践体验的方式，实现知行合一，在生产劳动实践中活化劳动技能，促进价值体认。例如，本课程的生产劳动包括与芳香类中草药产品有关的农业生产、工业生产和手工生产劳动；生活劳动包括中草药产品在生活中的多样化应用；服务性劳动包括利用中草药产品开展的休闲、美容和社会服务等。

二、劳动教育项目构建的资源统整策略

（一）项目构建的资源统整原则

生产劳动项目构建过程中所进行的大量实践与探索表明，普通高中可以根据学校教育传统、办学条件和资源优势，因地制宜地选择确定劳动类型，选择并发展与劳动类型相适应的项目系统，探索适合普通高中学校实际情况的劳动项目路径。例如，增中根据学校地理区位与自然资源条件，开辟了芳香类中草药种植园，衔接高中学生学科知识，进行建构主义劳动实践，为学生提供真实劳动情境，从而筛选出芳香类中草药的种植、管理、采收、设计与系列产品生产作为学校的基础劳动教育项目。从而为融合优秀传统文化的生产劳动项目探索了一条因地制宜的建设之路。芳香类中草药劳动项目是由增中根据自己的实际情况自主开发、能够体现本校教育思想和特色、可供学生选择的劳动教育项目，其在实践中结合学校的资源条件确立了芳香类中草药及其系列产品的制作与服务劳动项目，然后让学生讨论并进行项目实施构思，在教师协助下通过学科融合方式组织项目劳动以解决实际问题，再进行产品的推广应用与社会服务实践。

（二）项目构建的资源统整方法

在生产劳动项目的构建过程中，增中开辟了中草药种植园。学校所在的增城区是广州市市辖区，位于广州市东部，属南亚热带海洋性季风气候，特

点是气温高、雨量充沛、霜日少、光照充足，全年都可栽培作物。学校位于增城区增江街梅花路 10 号，地理坐标为北纬 23° 4′、东经 113° 6′，学校依山傍水，枕倚巍峨蕉岭，直视绮丽东湖。学校的中草药园种植有薄荷、艾、香茅、生姜、紫苏、金银花等中草药。这些中草药的一个共同特点是含有芳香油（也叫挥发油、精油）成分，芳香油是植物的根、茎、叶、花、果的油腺细胞在发育成熟过程中释放的物质，是植物体新陈代谢的产物。含有芳香油成分的植物都具有不同程度的医疗价值，可将这些中草药用于提取植物芳香油并制作相关产品。通过具体生动的系列项目化劳动教育，鼓励创造，引导学生实践自己的设想，通过劳动把设计变成实物，从而体验新时代劳动的成就感。增中基于学校自然资源，利用高中生物学植物芳香油的提取等课程资源，通过化学、物理、地理、信息技术、美术、数学、历史、思想政治等国家课程的学科融合，构建了芳香类中草药系列产品生产劳动项目，让学生依托项目平台综合运用跨学科知识提升劳动能力，以具体的情境化项目体验提升劳动教育实效。

三、劳动教育项目构建的文化统整策略

（一）优秀传统文化传承的时代要求

2017 年 1 月 25 日，中共中央办公厅、国务院办公厅印发了《关于实施中华优秀传统文化传承发展工程的意见》，提出把中华优秀传统文化全方位融入教育各环节，贯穿于教育各领域。2021 年 1 月，教育部印发了《中华优秀传统文化进中小学课程教材指南》，其中的基本原则之一是：“结合学科特点，注重有机融入。基于中华优秀传统文化与学科的内在联系，结合学科具体主题、单元、模块等，融入相应的中华优秀传统文化内容和载体形式。”中华优秀传统文化的传承发展和进中小学课程教材，为新时代劳动教育的发展开创了一个巨大的资源、文化与精神空间。在中华优秀传统文化内容的选取上，要处理好育人目标与内容形式的关系，从厚植中华文化底蕴、增强民族自豪感、坚定文化自信、做堂堂正正的中国人等育人目标出发，遴选蕴含核心思想理念、中华人文精神和中华传统美德的中华优秀传统文化内容和载体形式。据此，本课程选择传统中草药作为劳动教育项目构建的文化载体，这是符合

新课程“有机融入中华优秀传统文化”思想要求的。

将传统中医药与项目化劳动科学、有机、巧妙地结合起来，构建普通高中生产劳动项目体系，这是一种创新的研究与实践。增中充分利用学校的中草药种植资源条件，融合中医药博大精深的文化内涵，选择芳香类中草药系列产品的生产作为劳动项目建设的基础，并通过广泛的文化、知识与技能的跨领域融合方式进行项目的创新设计，形成了以中医药文化传承为特色的普通高中生产劳动项目体系。

（二）中医药学与项目构建的统整策略

1. 中医药学是优秀传统文化与劳动教育的重要契合点

中医药学是中华文明的优秀代表，是中华传统文化的重要组成部分，是中华民族长期以来与疾病斗争的历史过程中积累起来的人类宝贵财富，是数千年来医疗实践的积累和升华。几千年来，在形成、发展、创新、传播过程中吸收了古代先贤的思想智慧和文化精华，并与中华传统文化息息相通、血脉相连，为中华民族的繁衍昌盛做出了巨大贡献。中医药学内涵极为丰富，例如，具有人类医学中独有的“未病先治”和“内病外治”思想。“未病先治”是人类医学的最高境界，就是未病先防；而“内病外治”则是中华医学中最宝贵的疗法之一，以使用安全、方便、效果明显而著称。因此，中医药学的医疗模式是一种以人为本，以预防保健、治疗、康复相结合的综合医学模式。这种天地人和谐共存的模式，顺应了世界医学模式的转变和人类健康观念的发展。著名的中国医药学家屠呦呦，就是通过中医药典籍的研究，从中草药青蒿中提取并创制出新型抗疟药青蒿素和双氢青蒿素，从而获得 2015 年诺贝尔医学奖，这是中国医学界获得的世界级大奖，这一事实说明传统中医药学是我国最有可能出现原创科学突破的学科。

2. 博大精深的中医药文化在劳动教育中的资源选择策略

“未病先治”和“内病外治”理念，正是本课程构建生产劳动项目的中医药核心文化基础。但因为中华传统医药文化博大精深，在融入劳动教育课程过程中既不能面面俱到，也不能漫无边际，因此面临的首要问题就是“选什么、选多少和如何选？”这也是所有融合传统文化的项目构建中首先遇到的挑战。经过前期实践基础上的周密论证，本课程充分利用学校的中草药种植资源条件，融合中医中药文化“未病先治”和“内病外治”理念，选择芳香类中草药系列产品的生产作为劳动项目建设的基础，并通过广泛的文化、知识与技能的跨领域融合方式进行项目的创意创新设计，经系统整合构建融合传统文化的生产劳动项目，从而形成了以中医药文化传承为特色的普通高中生产劳动项目体系。项目构建的目的是在学校教育的微观上落实党和国家的教育大政方针政策，通过承载中华优秀传统文化的项目体系构建与实施，实现传统中医药文化与劳动教育的有机融合、相互渗透和相互支撑，让承载中医药文化的普通高中生产劳动课程在实践中发挥新时代劳动素养培育和优秀传统文化传承的综合功能。

3. 传统中医药文化对促进青少年健康教育的重要意义

当前，在不断加速的城市化进程和不断加快的生活节奏里，快餐文化越来越无法真正抚慰和安顿人的内心。中医药文化对传统男耕女织生活的部分还原，在很大程度上满足了人们对朴素劳动和自由生活的想象和追求。中医药学凝聚着深邃的哲学智慧和中华民族几千年以来的健康养生理念及其实践经验，不仅为中华民族繁衍昌盛做出了卓越贡献，也对世界文明进步产生了积极影响。推动中医药文化进校园，对于提升青少年健康素养，帮助其养成健康的行为方式和生活习惯，提高个人综合素质和能力具有重要意义。青少年是国家建设的接力者，是祖国事业发展的基础力量，是继承发扬中医药文化的接棒者。从小灌输中医药文化，实施传统文化教育，它不仅仅是让学生掌握一些中医药知识和健康理念，更是对中华优秀传统文化的传承。在青少年中培育对中医药文化的热爱，可以增加青少年的民族认同感、归属感，培植学生的文化基因，唤醒民族文化自觉与自信，提升他们的民族文化素养。通过劳动教育增强中医药文化对学生学习和生活的影响，让青少年感受到中医药文化的独特魅力，从而树立健康的生活理念与意识，养成健康的生活习惯，不仅能够预防疾病发生，还能保持健康体魄。

第二节 劳动项目的学科融合原理与方法

新时代劳动教育是全面贯彻党的教育方针的基本要求，是中国特色社会主义教育制度的重要内容，是全面发展教育的重要组成部分。但就目前普通高中劳动教育状况来看，大多数学校虽初见成效，但仍普遍存在劳动教育体系不全面、学生缺少真实情境下的劳动体验、教师缺乏学科融合设计素养、劳动教育平台支持不足等困难和问题。笔者针对普通高中劳动教育进行了实施路径探索与教学策略研究，进行了跨学科的探索，以学科融合的方法，给出了一些具有启发意义的实施路径、课程构建规律与教学模式，作为普通高中学校推进劳动教育的一个参考。

一、体现时代特征的劳动教育课程内涵

（一）新时代劳动教育基本特征与内涵

2020 年 3 月 20 日，中共中央、国务院印发《关于全面加强新时代大中小学劳动教育的意见》（以下简称《意见》），阐明劳动教育指导思想是“以习近平新时代中国特色社会主义思想为指导，全面贯彻党的教育方针，落实全国教育大会精神，坚持立德树人，坚持培育和践行社会主义核心价值观，把劳动教育纳入人才培养全过程，贯通大中小学各学段，贯穿家庭、学校、社会各方面，与德育、智育、体育、美育相融合，紧密结合经济社会发展变化和学生生活实际，积极探索具有中国特色的劳动教育模式，创新体制机制，注重教育实效，实现知行合一，促进学生形成正确的世界观、人生观、价值观”。遵循的基本原则是“把握育人导向。坚持党的领导，围绕培养担当民族复兴大任的时代新人，着力提升学生综合素质，促进学生全面发展、健康成长。把准劳动教育价值取向，引导学生树立正确的劳动观，崇尚劳动、尊重劳动，增强对劳动人民的感情，报效国家，奉献社会”。赋予的基本内涵是“劳动教育是国民教育体系的重要内容，是学生成长的必要途径，具有树德、增智、强体、育美的综合育人价值。实施劳动教育重点是在系统的文化

知识学习之外，有目的、有计划地组织学生参加日常生活劳动、生产劳动和服务性劳动，让学生动手实践、出力流汗，接受锻炼、磨炼意志，培养学生正确劳动价值观和良好劳动品质。”

（二）劳动教育项目化的课程构建意义

截至目前，在笔者主导下在学校层面已经进行了多年的普通高中劳动教育项目化课程体系构建探索。项目学习是21世纪的重要学习策略之一，它帮助学生围绕任务（具体的问题或主题），依据评价标准，以小组的方式进行的自主、合作、探究性学习。项目学习是“以学生为中心，以学科概念和原理为基础，学生通过参与真实的活动项目，对复杂、真实问题的探究，进行信息的收集、调查、研究、协作，最终形成产品或解决实际问题，从而建构知识的学习活动，并且能在现实生活中将知识学以致用。”项目学习也是一种动态性的学习方法，通过项目学习，学生能够主动地探索来自现实世界的问题和挑战，锻炼解决具体问题的技能，深刻领会所学各学科知识的内涵。现在看来这些实践探索工作完全符合《意见》设置劳动教育课程的要求：“整体优化学校课程设置，将劳动教育纳入中小学国家课程方案和职业院校、普通高等学校人才培养方案，形成具有综合性、实践性、开放性、针对性的劳动教育课程体系。”

项目学习更符合劳动教育强化实践体验、亲历劳动过程、提升育人实效的特征，因此采用项目学习方式可为劳动教育提供有效的系统化实践平台。笔者认为劳动教育项目化的实践性作用包括以下几个方面：项目化劳动教育可以帮助学校形成体系化的劳动教育课程；可以为学生创设真实情境下的劳动体验；可以为教师提供学科融合素养提升机会；便于政府和社会为学校劳动教育提供有形支持。劳动教育项目化可与德育、智育、体育、美育自然融合，从而形成系统性的项目劳动教育课程体系，为学生提供系列化、情境化，体验性、生成性和创新性的项目实践，真正呈现新时代劳动教育内涵价值，培养学生的劳动技能素养。

（三）劳动项目学科融合化的创新功能

《普通高中课程方案和语文等学科课程标准（2017年版2020年修订）》指出“关注学科间的联系与整合，增强课程内容与社会生活、高等教育和职业发展的内在联系”。《意见》也建议“其他课程结合学科、专业特点，有机融入劳动教育内容。”由此可见，学科间的联系、整合与融入既符合国家课程标准，也适应劳动教育要求。笔者将学科间的联系、整合与融入归纳到“学科融合”一词。学科融合是指在承认学科差异的基础上不断打破学科边界，促进学科间相互渗透、交叉的教育活动。学科融合既是学科发展的趋势，也是产生创新性成果的重要途径。学科融合模式打破传统学科的壁垒和边界，使课程资源、课程要素和环境整体化产生聚焦效应，以促进教学方式、学习方式的根本变革，从而让学生获得多样的学习体验、丰富的学习经历以及综合性的知识体系。因此，学科融合对于创新劳动教育的体制与机制，探索具有中国特色劳动教育模式具有实际意义。

在劳动教育实践中，结构良好的学科融合设计是劳动教育项目构建的重要环节，而这一环节也是许多教师感到比较困难的地方。也就是说，劳动教育项目设计中最核心、最重要的工作就是项目的学科融合设计，如果没有良好结构化的学科融合项目设计，便会导致劳动教育开展的困难与低效，影响项目化劳动教育的价值实现。因此，必须根据学生认知发展状况，科学灵活地设计多样性的学科融合项目形式，激发学生劳动内在需求和动力。

二、适切时代发展的劳动教育课程构建

（一）配合新冠肺炎疫情的校园防控构建项目

2020年初，新型冠状病毒肺炎疫情骤然而至。在人类漫长的发展历史中，作为中华优秀传统文化重要内容的中医药文化一直在抗击疾病危害、造福人类健康中发挥着不可或缺的作用。中医药知识烟波浩渺、博大精深，是中华文明和传统文化中灿烂的瑰宝。由于药物中草类占大多数，所以记载药物的典籍中都将它们称为“本草”。在中草药中，有一类是芳香类中草药，是中药材里具有鲜明特点的一类中药，约有数百种，常用入药的有几十种，比如艾、薄荷、香茅、紫苏、苍术、白芷、菖蒲等。芳香类中草药具有芳香解表、芳香化湿、芳香温里、芳香理气、芳香活血、芳香开窍的作用。

自2020年3月开始，我国新冠肺炎疫情防控形势逐步向好。但随着学

生返校，师生间近距离接触的概率明显提高，除了勤洗手、戴口罩、少聚集等基本防疫措施外，还可通过使用芳香类中草药进行预防。针对青少年的认知特点和时代特性，笔者担任的劳动教育课程教学中，注重与国家课程的衔接，从学科融合的角度，实践构建了芳香类中草药系列防疫产品制作与服务项目，以一种青少年更易于接受的生动有趣的形式展开项目化劳动教育，让青少年学生也能用自己的方式参与到新冠肺炎疫情防控阻击战中。该项目已成为本校传播中医药文化的载体和平台，在这一平台支持下开展的项目化劳动教育，丰富了青少年学生的中医药文化知识，也增强了青少年学生的中华传统文化自信。

（二）根据学校区位和资源条件开发项目

增中所在的增城区是广州市市辖区，位于广州市东部，属南亚热带海洋性季风气候，特点是气温高、雨量充沛、霜日少、光照充足，全年都可栽培作物。学校位于增城区增江街梅花路 10 号，地理坐标为北纬 23° 4′、东经 113° 6′，枕倚巍峨蕉岭，面向绮丽东湖。根据学校所处的具体特殊地理区位条件，为开展劳动教育开辟了芳香类中草药种植园，种植了薄荷、艾、香茅、生姜、紫苏、金银花等百余种芳香类中草药，为开展芳香类中草药劳动项目提供了丰富的教学资源。学生通过此前的化学和生物学等国家课程知识的学习，对植物生长、活性成分结构、性质及仪器操作，已具备一定基础，这也是选择芳香类中草药的种植、采摘、加工、产品制作与服务系列项目构建劳动教育课程的基础。因此，芳香类中草药项目是学校自主开发、体现学校教育特色、可供学生自主选择的一种劳动教育课程。同时，芳香类中草药项目构建符合“因地制宜，根据各地区和学校实际，结合当地在自然、经济、文化等方面条件，充分挖掘可利用资源，采取多种方式开展劳动教育”的要求。

（三）运用中医理论和现代科学充实项目

芳香类中草药系列防疫产品制作与服务项目具有系统的中医学理论支撑与坚实的实验科学基础。中草药也是中医实施瘟疫预防与治疗的重要手段之一，特别是芳香类中草药在中国传染病防治史上曾经发挥过重要作用。自先秦以来到近代，历代医家、医著对于预防瘟疫多首推芳香化浊，辟秽避疫，从中医理论到实践上阐明了芳香类中草药辟秽防疫的原理。现代国内学者的大量研究中认为，芳香中药对于阻断病毒性疾病经空气传播，或经呼吸道发挥疗效具有极佳优势。原因是芳香类中药含有许多不同类型的特殊成分——挥发油。挥发油不仅具有直接抗病毒作用，还可提高免疫力。这种具有直接抗病毒作用的特殊成分中药名称叫挥发油，商品名称多称为精油，本劳动项目统称为中草药芳香油。中草药芳香油除了发挥体内外抗病毒的作用之外，还可经鼻腔直接对中枢神经系统产生作用，调节人体情志，缓解因焦虑造成的紧张情绪。以传统中医未病先防的理念，及时运用芳香类中药进行干预，可抵御病原微生物的侵袭。显而易见，这一点对校园防疫亦具有重要实际意义。

综上所述，项目化劳动课程体现了时代特征和社会需要，增中结合学校资源条件和学生知识基础，运用传统中医药文化和现代科学对项目进行学科融合开发，从而构建形成了一个基于芳香类中草药的综合性、实践性、开放性、针对性的劳动教育课程体系。

三、学科融合项目劳动教育的课程实施

（一）项目的“五维互动”学科融合模式

1. 指向项目情境的“共振聚焦”思维方式

2019 年的《国务院办公厅关于新时代推进普通高中育人方式改革的指导意见》中指出，为贯彻落实全国教育大会精神，统筹推进普通高中新课程改革和高考综合改革，全面提高普通高中教育质量，进行互动式、启发式、探究式、体验式等课堂教学，注重加强课题研究、项目设计、研究性学习等跨学科综合性教学。

劳动实践中，笔者感受到从学科知识到学科融合过程中，聚合思维方法是一种有效的思维方法。以项目目标为中心，运用已有的课程学科知识，将各种信息重新进行聚焦式的系统融合组织，从不同的方面和角度，将思维集中指向项目的创意物化这个中心点，从而得出一个新的可行性方案。聚合思维可以把多学科的知识与方法聚集到一个焦点上，从众多知识信息中迅速做出筛选和判断，得出最有效的解决方案。这就好像凸透镜的聚焦作用，它可

以使不同方向的光线集中到一个焦点上，从而引起这点的燃烧一样。笔者为了顺利实现项目学习中的学科融合，赋予“学科融合”的意义是“指向特定问题情境的聚焦式融合”，提出“通过指向特定问题情境的聚焦式学科融合创造新的结构”的项目设计思路，对项目进行总体规划与设计，从而实现项目的学科创意融合目标。

2. 项目的“五维互动”学科融合形成过程

学科融合是怎样启动与发生的呢？先说“共振”现象，“共振”是广泛存在于宏观和微观世界里的一种自然现象，即当一个物体发生振动时会引起其他物体的振动，前提是只要存在基本相同的振动频率。一个具体的劳动教育项目情境出现之后，总会涉及许多学科的知识，在人的大脑思维层次上，各学科相关知识概念之间就会发生“耦合共振”，从而产生融合性思想方法，这就是学科融合的思维建构过程。在学科融合思维层次上，学科之间的间隔或界限消失了。在这个层次上，学科融合已经变成一种融入心灵的素养，作用于实际情境，可以恰当、机智、灵巧、有效地瞬间创生各种新颖的策略与方法。这也是劳动教育项目学科融合化的认知机制，可以概括为一个动态化的流程图（“$\rightleftharpoons$”表示动态共振）：

基于真实情境 $\rightleftharpoons$ 学科融合聚焦 $\rightleftharpoons$ 劳动项目方案

设计具体项目时要对其涵盖知识进行“共振与聚焦式”分析，并与项目情境进行关联。当项目与知识网络建立有效关联时，学科融合结构得以形成，才可以形成项目方案，清晰地指导产品的有形化制作。

（二）项目的“六层递进”教学实施模式

1. 项目劳动的“六层递进”教学实施流程

中草药芳香油学科融合项目化劳动教育课程实施方案包含 6 个层次，层次之间形成自然逻辑关系，教学设计与实施过程中层层递进，形成整体化和结构化的项目劳动教学。它又被称为项目化劳动教育的“六层递进”教学模式。用流程图表示为：

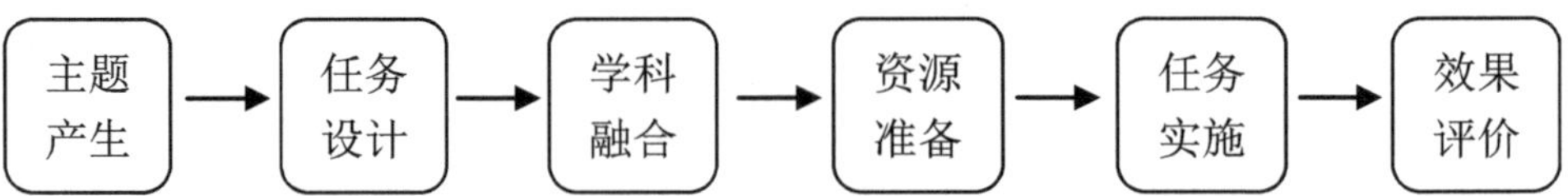

2. 项目劳动的“六层递进”层次设计内涵

项目层次	设计内涵
（1）劳动主题产生	劳动主题产生于项目化劳动教育的真实情境之中，是一个具体的劳动项目，具有情境真实性和学科融合性的特征
（2）目标任务设计	一是针对项目提出任务，分解成与真实学习情境相融合的具体任务目标；二是设计劳动产品，设计有形劳动产品是劳动教育的基本特征
（3）学科融合支架	劳动教育也是一种建构主义教学实践，学科融合劳动建立在认知规律之上，因此需为学生提供完成劳动任务的情境支架：学科知识支架和学科融合结构支架
（4）工具资源准备	一是有关项目劳动任务的详细信息和必要预备知识；二是任务执行过程中需要的设备器材和工具；三是项目任务执行过程中必须预先做好的准备工作
（5）劳动任务实施	按照设计方案实施，确保劳动教育方案的执行。依据设计方案制作创意作品是项目化劳动教育的主体部分，是获得劳动体验和成就感的具体过程
（6）劳动效果评价	项目化劳动教育侧重于培养学生劳动价值体认和解决劳动问题的能力，主要关注的是实际劳动技能和价值体认情况，采用多元评价方式

（三）项目劳动产品制作课例与社会服务

1. 学科融合项目化劳动教育产品制作课例

截至目前，基于学科融合的芳香类中草药项目已经实施完成30余项劳动教育课例，制作完成20余种项目有形劳动产品。按照产品功能分为5种不同类型，列表如下：

功能类型	课例（及产品）名称
（1）防疫成分提取类	中草药薄荷芳香油、艾草芳香油、九里香芳香油、香茅芳香油、香樟芳香油、薰衣草芳香油、紫苏芳香油、柑橘芳香油的提取，植物芳香水的分离，橙皮苷及金银花绿原酸提取及药理性质探究
（2）抗菌防疫清洁类	板蓝根白芷清瘟祛疹淋浴液、紫草苍术防疫抗菌洗手液、侧柏叶墨旱莲除菌洗发水的制作
（3）抗菌防疫熏蒸类	苍蒲防疫醒脑无火香薰、艾薄荷防疫醒脑无火香薰、厚朴金银花防疫空气消毒剂的制作
（4）防疫提神醒脑类	薄荷贯叶连翘提神醒脑清凉液、艾薄荷防疫清凉油、百草油和桂花贯叶连翘益智面霜的制作
（5）其他功能类	金银花紫草抗炎润唇膏、迷迭香冬青活络油、紫草白芷烧烫伤膏的制作

2. 学科融合项目化劳动教育产品社会服务

对于传染病流行期间的预防性室内空气消毒，广东省疾控中心建议日常以加强通风换气为主，并适当进行卫生清洁消毒。所使用的消毒方法主要是臭氧紫外线灯照射、化学消毒剂熏蒸和消毒剂气溶胶喷雾等。但这些消毒设备和方法要等到学生放学后无人条件下才可以开启和使用。而高中师生在课室的学习工作时间往往较长，在这样的情况下不适合采用上述空气消毒方法，而作为芳香类中草药系列防疫产品的苍蒲防疫醒脑无火香薰等防疫产品，则可以作为在课室有师生活动条件下进行空气净化消毒的有效补充。

增中的中医药 C-STEM 制作小组组织了许多校内服务活动。出于消防安全考虑，学校多数室内场地不准使用明火，因此有火香薰不能在学校课室、宿舍等使用，同时煎煮熏蒸及香囊等的使用也不方便。在这种情况下，艾薄荷防疫清凉油产品的制作与服务活动与高中学段学生的知识和能力相匹配，并且其用途广且安全简便，于是学校开展了无火香薰制作与服务活动。在 2020 年 4—5 月师生返校复课期间，中医药 C-STEM 制作小组向各课室、办公室等师生学习和工作场所分别赠送了百余瓶（盒）苍蒲防疫醒脑无火香薰和艾薄荷防疫清凉油等产品。无火香薰不但可以抑制病菌净化空气，而且有助于师生在佩戴口罩的情况下保持呼吸顺畅，调节脑部功能，改善学习情绪。从而让以劳育美、以劳创新理念和中医药文化入脑入心。

项目提供的社区服务本质上也是一类产品，应该归入服务性劳动类型。例如，中草药芳香油 C-STEM 社区长者关爱行动；芳香油劳动产品校园模拟微信官方店铺活动；识药材，传经典——中医国粹研学之旅等活动。在“社区长者关爱行动”中，关爱对象是广州市增城区增江街光辉村的星光老人之家、增江街陆村等社区的 65 岁以上长者。在积极参与社区长者关爱行动中，有效培养学生的社会责任感、创造性实践力、组织领导能力等，从而体验新时代劳动的成就感。可见项目的社区服务十分契合“普通高中要注重围绕丰富职业体验，开展服务性劳动、参加生产劳动，使学生熟练掌握一定劳动技能，理解劳动创造价值，具有劳动自立意识和主动服务他人、服务社会的情怀。”的劳动教育要求。

四、学科融合项目劳动教育的实践成效

（一）项目课程实践促进师生劳动价值体认

学科融合的芳香类中草药系列产品的制作与服务项目劳动教育课程建设是新时代劳动教育领域的一次突破。中草药芳香油项目劳动教育把国家课程学科融合化和劳动项目化，实践以劳树德、以劳增智、以劳健体、以劳育美、以劳创新，使劳动教育价值通过生动、活泼和真实的项目活动落到实处。通过芳香类中草药的种植、管理、采收、提炼、制作等全过程的完整劳动实践体验，浓缩了简单劳动到复杂劳动的全进程。让学生既能体验到挥汗如雨、汗流浃背的体力劳动，又能收获丰收的喜悦，最后还付诸科技实践，实现劳动教育的创新。通过芳香类中草药学科融合项目劳动教育的深入实施，大大增强了文化自信，牢固内化了普通高中学生的新时代劳动价值体认。

（二）学科融合项目促进国家课程深度实践

教育部 2017 年发布的新课程标准鼓励跨学科的教育实践，课程标准尤其强调科学、技术、工程与数学综合教育，使得学科融合的教学实践成为一种趋势，劳动教育更是如此。项目化劳动教育就是一个学科融合的实践平台，项目的学科融合构建促进了学科间的相互渗透和交叉活动。将学科融合引入劳动教育，既丰富了劳动教育的创新内涵，也促进了国家课程各学科知识以及德智体美等素养在具体劳动项目上的融合实践。

（三）学科融合项目课程促进劳动教育发展

学科融合项目劳动教育从学生现实生活和社会需要出发，从生活情境中发现问题，转化为劳动主题，通过探究、设计、制作、体验、服务等方式在实践中培养学生的综合劳动素质。学科融合项目劳动教育的探索与实践，既体现了劳动教育的本质特征，也呈现了劳动创新的一种重要途径。劳动教育的课程化、劳动课程的项目化、劳动项目的学科融合化，通过这一系列的理论探索与实践环节，试图为劳动教育实施提供可参考的路径、策略与经验，为推动普通高中新时代劳动教育的深入发展做出积极的奉献。

第三节　劳动项目的 STEM 创新设计与实践

在新课程新教材的实施过程中，项目学习被置于突出的位置。《纲要》也明确提出普通高中劳动教育要选择适切的劳动项目。基于此，在新时代的背景下，结合 STEM 教育，我校（广州市增城区高级中学）设计与实施了劳动项目活动。

一、体现时代特征的 STEM 活动项目基本内涵

1. 党和国家关于中医药的时代强音

2015 年 12 月 18 日，习近平总书记致信祝贺中国中医科学院成立 60 周年，信中强调中医药学是中国古代科学的瑰宝，也是打开中华文明宝库的钥匙。2019 年 10 月 25 日，习近平总书记对中医药工作作出重要指示，要充分发挥中医药防病治病的独特优势和作用，为建设健康中国、实现中华民族伟大复兴的中国梦贡献力量。2021 年 3 月 16 日，习近平总书记看望参加政协会议的医药卫生界教育界委员时指出，预防是最经济最有效的健康策略。

2. 中医药为全球战疫贡献中国智慧

岁次庚子，新冠肺炎疫情骤然而至。疫，是我国古代史书中的字眼。新型冠状病毒肺炎，属于中医学“疫病”的范畴。从蒙昧到文明，在有文字记录的 3500 多年里，传染病和瘟疫是人类历经的苦难。病因为感受“疫戾”之气而生。《黄帝内经·灵枢·逆顺》提到“上工治未病，不治已病”，意思是及早预防和治疗，才能掌握战胜疾病主动权。卫生防疫思想古已有之，为了防病，古人对个人卫生十分注意，如在甲骨卜辞中已有个人洗面、洗澡、洗手、洗脚的记录。《本草纲目》中记载，疫气流传时可焚烧苍术、艾叶、丁香等芳香性烈药物辟秽防疫。以整体调节、治未病等为特色的中医药，已成为抗疫“奇兵”和疫情防控的亮点，现今在全球抗击新冠肺炎疫情的艰难时刻，中医药为全球战疫贡献中国智慧。

3. 基于芳香类中草药项目的 STEM 活动项目内涵

中草药是中医实施疾病治疗的主要手段之一。中医药知识烟波浩渺、博大精深，直接接触理解有一定的难度。由于药物中草类占大多数，所以记载药物的书籍便称为“本草”。其中有一类是芳香类中药。芳香类中药是中药材里具有鲜明特点的一类中药，有数百种，常用入药的有几十种，如艾、薄荷、香茅、紫苏、苍术、白芷、石菖蒲等，有芳香解表、芳香化湿、芳香温里、芳香理气、芳香活血、芳香开窍的作用。先秦以来，历代医家、医著对于预防瘟疫多首推芳香化浊，辟秽避疫。

在抗击瘟疫的漫长历史中，中医药一直为造福人类健康发挥了关键作用。针对青少年的认知特点和时代特性，开展基于芳香类中草药的 STEM 活动项目，让青年学生也能用自己的方式参与到新冠肺炎疫情防控阻击战中。活动以一种青少年更易于接受的形式开展，丰富了青少年中医药科普传播的文化载体。

学校作为传道、授业、解惑的文化社会机构，肩负着中医药文化传承与创新的社会责任，有义务承担中医药文化传承和保护建设的重大使命。近些年来 STEM 教育的兴起，为中医药文化进入校园提供了条件。

STEM 活动是科学（Science）、技术（Technology）、工程（Engineering）和数学（Mathematics）四大领域学科的综合性教育，强调具体情境下多学科交叉融合的问题解决。当然，项目化的 STEM 活动也不等同于科学、技术、工程和数学教育的简单叠加，而是将四大领域教育内涵组合起来形成 STEM 活动方法论的有机整体，本质上是一种以项目学习和问题解决为导向的科学、技术、工程与数学思维和方法进行系统综合的教育组织与实施方式，从而有助于培养学生在科学基础、技术素养与工程思维方面的创新精神与实践能力。因此，芳香类中草药系列产品制作特别是防疫产品的制作项目实施中适当运用科学、数学、技术与工程教育方法，可赋予 STEM 活动以显明的“动手实践”和“工程设计”的现代工匠特征。本项目基于学校的自然环境，通过国家课程学科融合，制定符合校情和融合传统文化的芳香类中草药系列项目，把综合实践、化学、生物学、物理、地理、信息技术、美术、数学、历史、思想政治等学科课程整合成高中阶段 STEM 活动，让学生综合运用跨学科知识进行具体项目的 STEM 实践，提升综合运用知识的科技创新能力。

中华优秀传统文化是中华民族的精神命脉，是涵养社会主义核心价值观的重要源泉，也是我们在世界文化激荡中站稳脚跟的坚实根基。在此次新冠肺炎疫情防控中，中医药发挥了重要的作用，中西医结合成为防控新冠肺炎总体战的主旋律。因此，芳香类中草药项目的 STEM 活动项目，可以培养学生坚定的文化自信，发自内心地热爱中医药文化，并为之骄傲和自豪。

4. 数学与信息技术综合运用是芳香类中草药项目的 STEM 活动项目的突出特点

芳香类中草药项目活动广泛运用 STEM 理念与数学思维，通过拓扑学图论方法构建了芳香类中草药活性成分分子结构的“Ω 模型”，通过统计学线性回归方法构建了活性分子性质的“φ 模型”等数学模型。这些模型可运用于所有芳香类成分物理化学性质的预测，并为各种芳香类中草药的利用开启了 STEM 活动项目。芳香类中草药项目综合运用信息智能化技术于 STEM 活动项目中，创建了各模型运行的程序软件，如“Ω 程序”“φ 程序”“H 程序”等，师生在项目活动中只需要输入一组芳香类中草药成分的有关参数，通过程序运算便可立刻得到这种成分的结构与性质信息，为芳香类中草药的应用探究提供了信息技术支持。

另外，STEM 活动项目全程运用信息技术，如在芳香类中草药产品的外包装设计制作中引入美术、技术与工程领域课程知识，并运用信息技术自主设计效果图，然后用普通 A4 纸彩色打印，并用剪刀加双面胶的方式完成制作。这种活动体现了芳香类中草药项目化的 STEM 活动中信息技术的直观性、形象性、便捷性、实效性特征。芳香类中草药项目的 STEM 活动项目还推动了学校课程的深层变革，为教师跨学科教学能力的提升提供了平台，并为学生个性化成长提供了真实的情境化学习模式。不仅为学校的特色发展拓展了更为广阔的实践空间，还为学校创造出适应未来变革的课程基础和文化空间。

二、着眼立德树人的 STEM 活动项目设计实施

1. 芳香类中草药 STEM 活动项目目标

（1）芳香类中草药 STEM 活动项目的认知性与价值性目标

STEM 活动项目的认知性目标。基于国家课程基础知识和基本技能，引

导学生从中草药、数学、物理、化学、生物学、技术与工程等多角度认识芳香类中草药产品制作的基本原理，从多角度分析比较产品制作的有效方法，实现多学科的知识融合，深化体悟STEM活动项目的价值内涵。

STEM活动项目的价值性目标。STEM活动必须基于学生生活和发展需要，运用学校的资源条件，从学习与生活情境中发现问题，使之转化为跨学科活动项目，再通过探究、制作、体验和服务等方式，培养学生的STEM创新素养能力。

（2）芳香类中草药STEM活动项目的技能性与创造性目标

STEM活动项目的技能性目标。掌握芳香类中草药产品制作，特别是防疫产品制作的科学方法，积极动手操作；熟练掌握各种设备的操作技能；掌握中草药植物栽种条件、生长管理、采集时节、原料预处理、蒸馏提取等技术，实现多学科的技能融合。通过STEM活动项目，让学生从劳动实践中体验生活的乐趣，培养积极的探索态度、习惯和观念，并形成基本的STEM技能。

STEM活动项目的创造性目标。首先，芳香类中草药项目STEM活动必须实现创意物化。其次，要将物理、化学、生物学、数学和工程技术等多学科知识综合运用到STEM活动过程中，尝试改进和创新有效提取方法和制作技术，培养创造性STEM活动能力。最后，通过系列化活动项目的深入实施，实现科技创新能力的提升。

2. 芳香类中草药STEM活动的高阶认知

从学生能力发展角度看，存在低阶和高阶两个维度的能力培养。根据布鲁姆教育目标分类法，记忆、理解、应用属于低阶能力，分析、评价、创造属于高阶能力。芳香类中草药项目STEM活动实践认为，具体、稳定和可生成的活动项目是STEM活动项目的根基，项目是有结构和完整的活动系统，必须产生出有形的产品，否则不能称作STEM活动项目，仍然是缺乏根基的纸上谈兵式形式教育。这里所说的“有形”具有科学、技术、工程、数学与艺术方面的质的含义。STEM活动项目引导学生实践自己的项目设想，通过规范操作实现项目的STEM目标，把项目设计变成产品实物，使学生充分体会到运用STEM理念与方法创造价值的成就感。

芳香类中草药项目 STEM 学习活动以学生为中心，强调同伴合作、小组学习，学生以小组为单位完成一个项目活动，制作过程中学生相对独立地完成不同的工作，同时进行必要的相互合作。STEM 活动项目培养了学生的工作习惯和社会技能，如合作、分享和商讨等能力和素养。STEM 活动项目教学关注制作的作品、完成的成果等学习结果，也关注这些学习结果得以产生的过程，包括如何选定项目、制订计划、科学探究、作品制作、成果交流和活动评价等。STEM 活动项目学习关注高阶能力、社会能力与学习结果，以及学生在学习过程中的真实表现。

3. 芳香类中草药 STEM 活动项目的构建

结合中医药传统文化、学校资源特色，构建融合中华优秀传统文化的芳香类中草药 STEM 活动项目。运用 STEM 思维方法和信息技术开展芳香类中草药的加工处理、芳香油提取、产品制作及应用等活动，并在此基础上制订项目方案。结合学校实际和学生认知基础，芳香类中草药 STEM 活动项目内容上选择了与中华传统文化相关的芳香类中草药产品制作特别是防疫产品的制作，方案的体系编制采用了活动目标设计、项目任务准备、任务执行和任务拓展与反思评价等方面的设计模型。活动方案侧重多学科融合和多样性创造，通过规范操作实现设计目标，最终把项目设计变成物化产品，从中深刻理解 STEM 活动项目内涵。下面列举一些具体的芳香类中草药 STEM 活动项目类型与特征设计：

课程知识点的跨学科融合	STEM 活动项目名称	STEM 活动项目列举
气候、土壤	识药材，传经典中医国粹研学之旅	研学旅行
土壤、植被、酵母菌	中草药栽培、采集，EM 菌沤肥	栽培种植
植被，群落的空间结构，植物的科、属、种	植物识别与分类	植物辨识有技巧
分子结构、蒸馏、萃取、分离提纯、芳香烃	芳香油（及其纯露）和芳香水的提取	文化传承设计制作
古代科技成就、文化传承与创新、皂化反应、油脂综合应用	中华优秀传统文化之中草药固体皂和液体皂产品的配制与应用	文化传承设计制作

续表

课程知识点的跨学科融合	STEM 活动项目名称	STEM 活动项目列举
古代科技成就、文化传承与创新、分子极性、相似相溶	中华优秀传统文化之中草药草本油及膏类产品的配制与应用	文化传承设计制作
表面张力、共价键、分子极性、神经递质	芳香油乳霜、乳液产品的配制与应用	植物辨识设计制作
绿色发展理念、书法、绘画、毛细现象	垃圾分类资源回收与芳香油无火香薰的配制与应用	文化传承设计制作
无菌技术、培养基、分离培养目标菌	洗涤用品、面霜及驱蚊水等日用品微生物指标检测	设计制作
企业经营活动的特点、海报设计、职业体验	“和合堂”中草药芳香油功能性日化用品制作模拟展销会	模拟职场
中华优秀传统文化创造性转化与创新性发展、公共参与、职业体验	中医药“C–STEM”课程暖社区	志愿服务

4. 运用信息技术支持芳香类中草药 STEM 活动项目

国内外关于 STEM 活动的研究和芳香类中草药 STEM 活动项目实践表明，信息技术支持的 STEM 活动项目对于推动学科融合，促进学生能力的深度发展具有重要作用。纵观国内外 STEM 活动的相关研究，不难发现 STEM 活动的发展离不开信息技术的支持。如何利用新兴信息技术来推动 STEM 活动的发展，促进 STEM 活动跨学科之间的有效融合，也是芳香类中草药 STEM 活动项目关注与实践的重点。芳香类中草药 STEM 活动项目对 STEM 活动的内涵、项目形成路径与特征进行了实践，探索了现代教育信息技术对 STEM 活动的支持样式，构建了信息技术支持下芳香类中草药项目跨学科教育活动的教学模式，并从学习活动设计、教学内容设计和学习评价设计等方面进行了信息技术支持的芳香类中草药 STEM 跨学科活动模式实践，推动了跨学科科技创新能力提升，促进了学校 STEM 活动中跨学科的融合。下面列举芳香类中草药 STEM 活动项目的数学思维：

（1）中草药芳香油的“结构信息”数学模型

$\Omega=1/2\sum N_i(D_i-2)+1$

式中，N_i 为芳香油分子中各组成原子数；D_i 为原子在有机物中的最多单键数，即 C、N、O、H 最高单键数依次为 4、3、2、1；Σ表示相加的意思。而 Ω 则为芳香油分子的“结构信息”，含义是每 1 个结构信息表示芳香油分子中发生了 1 次双键或成环的形成过程。

例如，桂花贯叶连翘益智面霜制作课例中的贯叶金丝桃素分子式：$C_{35}H_{52}O_4$，分子结构信息数为：

$$\Omega=1/2\ \Sigma\ N_i（D_i-2）+1$$

$$=1/2[35（4-2）+52（1-2）+4（2-2）]+1$$

$$=1/2[35\times 2+52\times（-1）+4（2-2）]+1$$

$$=1/2[70-52]+1=1/2（18）+1=10。$$

结构信息数代表分子中形成双键或环状结构的数目。Ω=10 预示着贯叶金丝桃素分子中形成了 10 个双键和环结构。分子结构的实际测定结果表明，贯叶金丝桃素分子中果然形成了 8 个双键和 2 个环，结构式为：

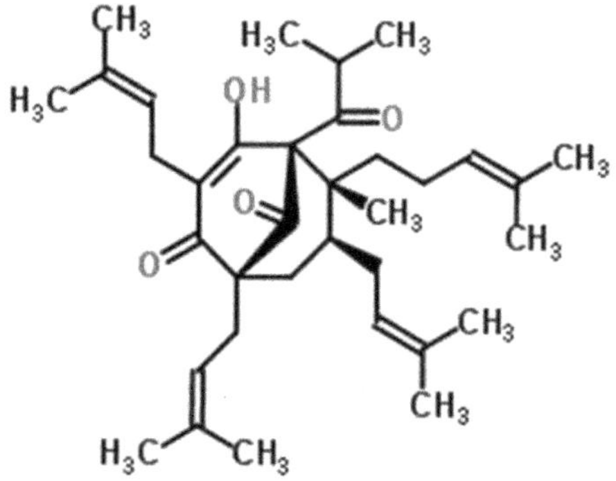

当然也可以反过来根据结构式快速导出组成分子式。已知贯叶金丝桃素分子结构的情况下，可以看出结构信息数 Ω=10，再点数碳原子数为 35，则可立即写出分子式为 $C_{35}H_{52}O_4$。而且进一步还可以判断亲水基的数目，如已知结构信息 Ω=10，分子中氧原子数为 4，因为氧原子在任何情况下都是亲水的，则可判断出这个分子中含有 4 个亲水基团，并且可能是羟基、羧基、酮基或醚基。对照结构式，果然含有 1 个羟基和 3 个酮基，都是亲水基。

（2）中草药芳香油的“双溶解性”数学模型

$$S=68.59\phi-7.37$$

$S=68.59(x/y)-7.37$

$\phi=n$（亲水基）/ n（碳原子）$=x/y$

$\phi>1/4$，该有机物易溶于水

$1/4\geqslant\phi\geqslant1/8$，该有机物较难溶于水

$\phi<1/8$，该有机物难溶于水

（3）表面活性剂“双亲平衡值”数学模型

HLB 值（Hydrophile-Lipophile Balance Number）称亲水亲油平衡值，也称水油度。1949 年 W.C.Griffin 率先提出 HLB 值论点，说明表面活性剂分子的亲水性与亲油性之间的平衡关系。HLB 中 H 为“Hydrophile”表示亲水性，L 为“Lipophilic”表示亲油性，B 是“Balance”表示平衡的意思。为保证 HLB 值的使用简便性，非离子型表面活性剂 HLB 值可利用经验公式计算得出：

$HLB=7+11.7\lg(M_W/M_O)$

式中 M_W 和 M_O 分别为表面活性剂分子中亲水基团和亲油基团的摩尔质量。

两种和两种以上表面活性剂混合后的 HLB 值：

$H(AB)=H(A)\times W(A)+H(B)\times W(B)$

式中 H（AB）为混合表面活性剂的亲水亲油平衡值，H（A）、H（B）分别为纯表面活性剂 A 和 B 的亲水亲油平衡值，W（A）、W（B）分别为混合表面活性剂中 A 与 B 的质量分数。

综合起来，HLB 值范围与其对应的用途：

1 ～ 3，可用于制作消泡剂；

3 ～ 6，可用于制作 W/O 型乳化剂；

7 ～ 9，可用于制作润湿剂；

8 ～ 18，可用于制作 O/W 型乳化剂；

13 ～ 15，可用于制作去污剂；

15 ～ 18，可用于制作增溶剂。

（4）芳香类中草药 STEM 活动项目防疫产品工艺流程图

①紫草苍术防疫抗菌洗手液制作工艺流程图

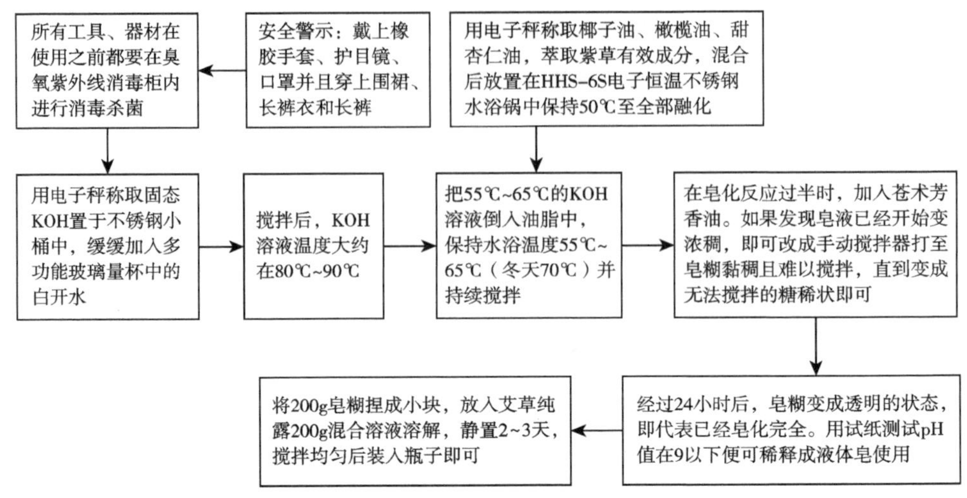

②苍蒲防疫醒脑无火香薰液制作工艺流程图

所有工具、器材在使用之前都要在臭氧紫外线消毒柜内进行消毒杀菌

↓

分别滴取苍术、石菖蒲、艾、薄荷和白芷芳香油各35滴，贯叶连翘和丁香芳香油各10滴。先后将这7种芳香油分别滴入到200mL玻璃分茶器里，用玻璃棒轻轻摇匀

→

在玻璃棒引流下，将小烧杯中的99%异丙醇30mL缓缓倒入盛有混合芳香油的玻璃分茶器中，搅拌均匀。再向其中缓缓加入蒸馏水70mL，搅拌均匀

→

然后装入一个密封的瓶子里，放到一个阴凉避光的地方静置2周或更长时间。完成苍蒲防疫醒脑无火香薰液制作

↓

将清洗消毒过的口服液旧瓶平置于桌面上，小心将香薰芳香油混合液倒入口服液瓶，七分满即可。往香薰瓶里填充香樟树枝及包装泡沫塑料，再把装有香薰芳香油混合液的口服液瓶插入填充里，用留有小孔的，瓶盖封口。将茎干连着花朵一端浸入香薰液中，待茎干及花朵湿润后取出，将茎干及花朵置于流通空气中充分呼吸2小时，再将茎干另一端放入口服液瓶中即可

← 用藤条、通草秆、通草纸（通草片）、棉绳等手工DIY制作通草花

↑

回收各类常用旧瓶（含口服液旧瓶），回收各类常用包装泡沫塑料，经过清洗、消毒、整形后备用

→

选取较大尺寸旧瓶，根据瓶子尺寸设计宣纸装饰图案，绘制树叶拓印、书画等装饰图案

→

根据瓶子尺寸截取可环绕瓶子外部的空白宣纸，用白乳胶加水刷整个瓶子表面，把空白宣纸黏在刷了白乳胶的瓶子上，在空白宣纸裱装饰图案画，设计瓶盖，完成香薰瓶外部制作

5. 芳香类中草药项目涉及的课程领域及方法

芳香类中草药 STEM 活动项目涉及的课程领域有中草药、数学、物理、化学、生物、美术、技术与工程等。例如，涉及数学、物理、化学、生物课程领域的知识有皂化反应、冷制皂的 INS 值、皂化值；植物芳香油的主要化学成分的结构性质、表面活性剂 HLB 值等。芳香类中草药 STEM 活动项目采取的植物芳香油提取方法主要有水蒸气蒸馏法、溶剂萃取—反蒸馏法、压榨—结晶法等。例如，艾草、香茅、香樟、紫苏、薄荷、姜等芳香油的提取可采用水蒸气蒸馏法；而桂花芳香油主要成分的沸点介于 126℃～281℃，远高于水的沸点，可采用溶剂萃取—反蒸馏法。

三、根植校本实际的 STEM 活动项目资源开发

增中在校园内开辟了中草药种植园，种植有薄荷、薰衣草、九里香、艾、香茅、生姜、紫苏等中草药。这些中草药可用于提取植物芳香油并制作相关产品的原材料。另外，校园内还种植了大批量的香樟、桂花、白兰、鹰爪花、鸡蛋花、栀子花、紫荆花、木棉花等园林植物，既可用于提取植物芳香油又具有观赏价值。

很多中草药都含有芳香油（也叫挥发油、精油）成分，它们存在于植物的根、茎、叶、花、果的油室、油管或油细胞内，属于植物体自身的次级代谢产物。含有芳香油成分的植物都具有不同程度的医疗价值，根据植物原料的不同特点，可选用蒸馏、压榨、萃取和反蒸馏等方法生产芳香类中草药产品。通过这些具体生动的系列 STEM 活动项目，鼓励创造，引导学生实践自己的设想，通过劳动把设计变成实物，从而体验劳动的成就感。芳香类中草药 STEM 活动项目运用信息技术，融合数学、物理、化学、生物等国家课程学科知识，整合成一个 STEM 活动项目方案，让学生综合运用多种学科的知识和方法解决具体项目问题，提升学生综合运用知识的能力，从而提升 STEM 活动的实效。

截至目前，基于芳香类中草药项目的 STEM 活动课程实施中完成了 20 余项 STEM 课例，主要课例类型列表如下。

产品功能类型	功能产品名称	组成及制作原理
中草药芳香油类	薄荷芳香油	水蒸气直接或间接蒸馏法、螺旋压榨—结晶法、基础油萃取法等
	艾芳香油	
	九里香芳香油	
	香茅芳香油	
	香樟芳香油	
	薰衣草芳香油	
	紫苏芳香油	
	各类中草药植物芳香水	
	柑橘芳香油	
中草药活性成分提取	金银花有效成分（绿原酸等）	溶剂萃取—反蒸馏法
消炎抗菌洁肤类	艾竹炭粉消炎祛痘冷制皂	油脂皂化反应产物添加中草药活性成分芳香油或芳香水（纯露）
	板蓝根白芷清瘟祛疹淋浴液	
	紫草苍术防疫抗菌洗手液	
养发护发洗发类	侧柏叶墨旱莲生发养发洗发水	
止痒提神护肤类	薄荷贯叶连翘提神醒脑清凉液	中药提取物、中药芳香油及其芳香水（纯露）加基质按照功效配比
	迷迭香冬青活络油	
	艾薄荷防疫清凉油	
	紫草白芷烧烫伤膏	
醒脑增智润肤类	金银花紫草抗炎润唇膏	基础油加乳化剂，再加中草药活性成分
	桂花贯叶连翘益智面霜	
驱蚊无火熏蒸类	香茅薰衣草复方芳香油驱蚊水	中药芳香油加乳化剂配制功能性芳香水（纯露）
	苍蒲防疫醒脑无火香薰	
	厚朴金银花防感冒空气消毒剂	中草药提取物加芳香水（纯露）配制构成
开发实施的课例	柑橘皮中橙皮苷提取及药理探究	运用科学、数学与技术
	校园内植物识别与分类课	运用植物分类学原理
	中草药芳香油植物栽培课——以艾、香茅、紫苏、薄荷、金银花栽培为例	运用植物栽培学原理
	中草药芳香油 C-STEM 社区长者关爱行动	公共参与、社会服务、职业体验
	芳香油劳动产品校园模拟微信官方店铺	企业经营活动的特点、海报设计、职业体验
	识药材，传经典；中医国粹研学之旅	运用植物分类学、栽培学原理

“艾薄荷防疫清凉油制作”项目主题产生于中医“治未病”理念，尤其是武汉市卫生健康委员会发布的《武汉市新型冠状病毒感染的肺炎中医药居家预防推荐方案》指出，推荐用中药香包、清凉油、风油精、鼻烟壶等嗅鼻，每日数次。它与高中学段学生的知识能力相匹配，用途广且安全简便。

“紫草苍术防疫抗菌洗手液制作”项目主题产生于2020年2月2日国家卫生健康委员会发布的《新型冠状病毒防控指南（第一版）》，在学生防控指南中指出：“返校途中随时保持手卫生，减少接触交通工具的公共物品和部位。洗手间等活动区域，建议加强通风清洁，配备洗手液、手消毒剂等。”使用洗手液和采用正确方式洗手成为防控新型冠状病毒重点宣传工作之一。

四、彰显文化自信的 STEM 活动项目实践成效

中医药文化跟其中华文化母体一样底蕴愈厚、韵味愈醇，中医药学凝聚着深邃的哲学智慧和中华民族几千年的健康养生理念及其实践经验，是中国古代科学的瑰宝，也是打开中华文明宝库的钥匙。这一文化形式的产生非常古老，其表达方式甚至难以为现代人理解，但作为中华先贤认知人的生命整体、身心奥秘和人与外界关系的一种世界观、方法论、价值论和实践论高度统一的文化范式、文化体系，却有着超越时代的先进之处。

历史上重大疫病的应对，中医从未缺席。此次战疫，中医得以为自身再次正名，并向世界宣示了自己的价值。中医，是融预防、治疗、康复为一体的整体医学，完全能够，并且已经为传染病防治提供了“未病先防”“既病防变”的策略。对于传染病流行期间的预防性室内空气消毒，广东省疾控中心建议日常以加强通风换气为主，并适当进行卫生清洁消毒。所使用的消毒方法主要有臭氧紫外线灯照射、化学消毒剂熏蒸和消毒剂气溶胶喷雾等，但这些消毒设备和消毒方法要等到学生放学后在无人条件下才可以开启和使用。而高中师生在课室的学习工作时间往往较长，在这样的情况下不适合动用上述空气消毒方法，而作为芳香类中草药系列防疫产品的苍蒲防疫醒脑无火香薰等，则是在课室有人条件下依然可以进行净化消毒的有效手段。

增中的中医药C-STEM制作小组，开展了无火香薰制作活动。在2020年4—5月师生返校复课期间，制作小组同学们分别给各课室、办公室等师

生学习工作场所赠送了百余瓶苍蒲防疫醒脑无火香薰。无火香薰不但可以抑制病菌净化空气，而且可以使师生在佩戴口罩的情况下保持呼吸顺畅，还能调节脑部功能。这项活动的开展有利于推动中医药文化自信、中华优秀民族文化自信入脑入心。

第四章　跨界融通的项目化创意

第一节 劳动项目的跨界融通创意设计

通过立足于本校的劳动教育实践，以点看面，对基础教育阶段学校劳动教育状况进行了多角度观察，包括对广州市和国内部分普通高中劳动教育的实证调查，得出以下结论：目前普通高中劳动教育普遍存在主题单一、形式单调，缺乏丰富情境性和真实体验性问题。多数学校只限于非系统化、非常态化的劳动活动。开展劳动教育的学校虽多，但系统性开展的偏少；而将劳动教育体系化，系统性引导学生“想劳动、会劳动”的更少。本书面对劳动教育中存在的诸多现实问题，以跨学科的方法展开劳动教育路径和策略的探索与实践，在新课程新教材实施的大背景下，使国家课程校本化实施成为可能！

一、普通高中劳动教育项目化路径探索

（一）劳动教育项目化构建的内涵与意义

教育部《大中小学劳动教育指导纲要（试行）》要求学校强化项目实践，“围绕劳动能力的培养，让学生完成真实、综合任务，经历完整劳动过程。注重劳动价值体认，引导学生从现实生活中发现需求，选择和确定劳动项目。”活动性、参与性、情境性和体验性是劳动教育的重要特质，要求学生亲历劳动过程，经历动手实践，在鲜活情境中体验劳动的伟大，在亲身实践中感受劳动创造生活的美好，在协作分工中理解劳动合作文化。因此，必须结合高中学生认知特点，探索劳动项目化设计，为劳动教育提供情境化和体验性实践平台。

项目学习是21世纪的重要学习策略之一，它帮助学生围绕任务（具体问题或主题），依据评价标准，以小组的方式进行的自主、合作、探究性学习。它以学生为中心，以学科概念和原理为基础，学生通过参与真实的活动项目，对复杂、真实问题的探究，进行信息的收集、调查、研究、协作，最终形成产品或解决实际问题，从而建构知识的学习活动，并且能够在现实生活

中将知识学以致用。项目学习也是一种动态性的学习方法，通过项目学习，学生能够主动地探索来自现实世界的问题和面对挑战，在这一过程中能够自主领会和综合掌握相关知识和技能。

劳动教育“项目化”是指师生通过共同实施一个完整的项目而进行的所有劳动活动。在劳动教育中，项目特指生产或制作具体有形的、具有实际应用价值的产品为目的的任务。其要求学生运用已有的知识和经验，设计解决实际问题的具体方案，并通过亲手操作解决问题。采用项目学习方式可为劳动教育提供系统化实施平台，形成活动性、参与性、情境性和体验性实践体系。

（二）项目化构建是劳动教育的实然路径

劳动教育“项目化”路径是针对新时代劳动教育价值内涵的功能外显提出的，符合劳动教育概念的内涵与外延相统一的逻辑，也符合建构主义情境性认知规律。项目化是劳动教育的重要形式和载体，建议普通高中根据自身的资源条件，从学生学习与现实生活真实情境中科学选择与构建自己的劳动教育项目，构建适合本校的项目化劳动教育实践体系。让学生在真实、完整的项目化劳动中把学到的知识与方法运用到新的情境之中，把知识与智慧迁移到情境化的劳动创造之中，将已有知识与能力的“最近发展区”向新的劳动领域扩展。笔者实践证明，通过项目化劳动可以有效促进学生了解生产技术知识、掌握劳动技能、培养劳动精神、提高劳动素养，有力有序地推进学校劳动教育的发展。

教育部《大中小学劳动教育指导纲要（试行）》要求“统筹劳动教育与通用技术课程相关内容，从工业、农业、现代服务业以及中华优秀传统文化特色项目中，自主选择 1 至 2 项生产劳动，经历完整的实践过程，提高创意物化能力，养成吃苦耐劳、精益求精的品质，增强生涯规划的意识和能力”。调查中也发现，多数普通高中劳动教育也是以生产劳动为主。主要因为生产劳动具备四大特点：综合运用知识技术，经历完整创造过程，强化规划设计意识，提高创意物化能力。随着高中学生情境性认知能力的发展，高中学段推进生产劳动符合学生知识基础和认知结构，符合建构主义认知发展阶段性规律。因此，本书主要以生产劳动的项目化为例，探讨项目化劳动教育的统筹构建路径与策略方法，使新课程的精神以及国家课程校本化的实施落到实处！

二、普通高中劳动教育项目化建构策略

（一）生成策略：构建劳动项目生成系统

1. 劳动项目生成的资源整合策略

普通高中可以根据学校教育传统、办学条件和资源优势，找到适合学校实际情况的劳动教育路径，因地制宜地选择并发展自己的劳动教育项目系统。要着力挖掘具有系统性、生成性的学校劳动教育项目资源优势，不要搞一刀切。项目的生成应依据学校资源条件，体现时代特征，适合学生生活经验、认知基础和个性发展。以上就是项目生成的资源整合策略，可以归纳为：一是结合国家课程学科知识基础；二是结合现实生活和社会需要；三是延续学校传统课程文化；四是利用学校实践基地建设基础；五是开发利用学校地理资源优势；六是开发利用本土或社区产业资源；等等。在“关注学科间的联系与整合，增强课程内容与社会生活的内在联系”原则指导下，运用系统论和信息论等横向综合思维方式，对各种资源进行识别与选择、提取与配置、激活与融合等系统性的联系与整合，形成具有一定结构性和生成性的劳动项目。资源整合策略是劳动项目生成的基本策略或“元策略”，因此这样生成的项目可称之为“元项目”。

2. 劳动项目延伸的树状生长策略

根据系统论演化观建立劳动教育项目的生长（延伸）模式。项目必须具有生长性，这是劳动项目成为一个有组织动态系统的基本特征。元项目产生于资源整合的真实情境与现实需要之中，是劳动项目化的“种子”，可以生根发芽，并生长成项目的“幼苗”。劳动“元项目”一旦启动，项目系统就会不断地生长、发展和变化，必然生成许多可供筛选的新的劳动项目。因此，劳动项目是一个有生命力的动态生成系统，它的发育过程就像一棵具有生命力的树木一样，主干在生长中会产生若干分枝，而每个分枝又会生长出更多的新分枝。持续的项目化劳动最终会生长成一棵繁盛的“项目树”。因此，项目具有一定的逻辑系列性、动态稳定性和生成性，可通过劳动过程系统演化生成一系列新的项目。如下图所示：

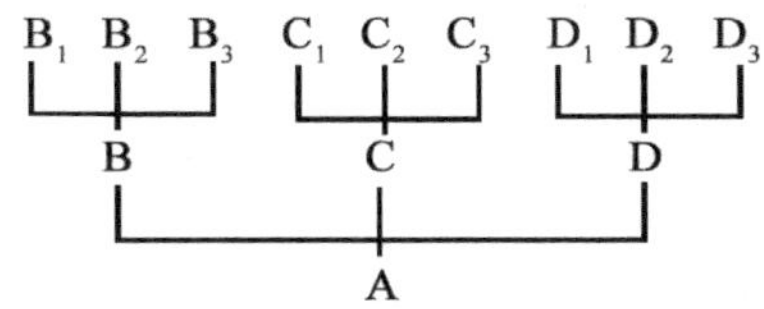

（二）创意策略：探索劳动项目创意设计

1. 跨界融通的劳动项目创新意义

即使有了项目基础，也并非一劳永逸，还必须进行项目的创意设计，这是组织项目劳动不可或缺的一环。劳动教育内容非常广泛，常常超越学科界限甚至跨越不同领域，具有很强的“跨界融通”特征。跨界融通具有将不同行业专业、学科领域的知识与技能相互渗透、协同交融、互补共生，从而创造出新型结构的方法论功能。本书赋予劳动教育实践中“跨界融通创意”以特定含义：运用聚合思维方法，以项目产品生产为目标，综合运用不同行业或专业知识和技术，将相关信息进行聚焦式跨界融合组织，从不同方向和角度将思维集中指向产品的创意物化这个中心点，从而得出创意性和可行性劳动方案的过程。因此，从系统论与信息论观点看，“跨界融通创意”本质上是各种知识、技能与信息从无序走向有序的过程，是信息熵输入系统的创新组织过程。

2. 跨界融通的劳动项目设计方法

结构良好的创意方案设计是劳动项目有序实施的蓝图。当普通高中确定了自己的劳动项目系统之后，接着必须采用灵活多样的系统科学方法，对具体项目进行“跨界融通创意”设计，体现项目的创新思维。在一个具体的项目情境下，当劳动目标与不同专业和学科的知识、技能与信息网络有效关联时，有组织的跨界融通结构得以形成，便产生创意性劳动方案，然后运用先进的科学方法、数学思维与信息技术进行跨界融通项目设计，即可清晰地指导创意产品的物化生产劳动过程。创意方案设计过程可表示为：项目劳动目标 $\rightleftharpoons$ 跨界融通创意 $\rightleftharpoons$ 项目创意方案。建议运用系统综合方法建立项目的创意设计模板。

（三）统整策略：整合劳动项目系统功能

1. 劳动项目系统整合的课程意义

系统整合，就是围绕劳动教育目标，通过遵循建构主义认知规律的研究与实践，运用系统论方法整合项目系统，将连续化的劳动项目进行系统分类构成项目体系，进行有计划、有组织的项目设计与实施，从而构建普通高中劳动教育长效机制。这样做显然已经有了课程化的意味，是在为实现劳动教育的课程化奠定基础。经过系统整合，形成体系化的项目系统，克服劳动教育的随意性、零散性和碎片化现象，即可对学校劳动教育进行整体化、系统性设计，实现劳动教育常态化，从而系统性地培育学生的劳动价值和劳动技能。

2. 劳动项目系统整合的科学基础

从现代系统论角度看，项目化劳动是一个动态开放系统。按照整体性原则，由于关联项目之间的系统共振使得项目化劳动具有了整体性特征，具备了新的系统性质。整体性、层次性、功能性、随机性和最优化便成为项目系统的基本特征。当劳动系统形成后，学校劳动不再是零散项目的简单加和，而是通过项目之间的系统组织形成更高级的劳动系统。单一、零散和缺乏逻辑联通关系的项目之间因为不能产生结构共振，是不稳定和狭隘的。系统性的项目关联与共振可以使整体状态更加稳定有效，因此系统整合是构建劳动教育长效机制的科学基础。

（四）实施策略：项目设计、实施与评价

1. “六层递进”的项目教学设计

项目的教学设计是劳动项目顺利实施的蓝图。项目化劳动是典型的建构主义实践，必须采用认知逐级建构的方法进行教学设计。以劳动项目产生为核心立足点，展开项目创意、任务设计、资源准备、任务实施和效果评价等步骤的设计，称为“六层递进”项目设计模式，并制定了各要素的内涵要求（见表 4–1）。

表 4–1　项目化劳动教学设计环节及内涵

设计要素	设计内涵
劳动主题的生成	产生于真实情境的产品，即项目的名称
劳动目标与任务	劳动项目培养目标和要完成的劳动任务
跨界融通创意设计	跨界知识与技能融通，产生的创意设计
资源与工具准备	进行项目劳动的信息、知识与工具准备
劳动任务的实施	具体实施项目设计方案，实现创意物化
劳动效果的评价	多元评价促进劳动价值体认和素养形成

2.“并行协同”的教学实施策略

项目的教学实施是落实劳动教育的关键性实践环节。运用建构主义支架理论不断淬炼教学，逐步形成了项目实施的“并行协同”教学组织策略。“并行”一词来自计算机科学，指同一时刻做多件事情。“并行协同”策略就是在同一项目中、同时执行两个或多个相互协同的劳动步骤。该策略特别适合解决大型和复杂劳动项目实施中的课时和场地有限性矛盾问题。为了进行并行协同劳动，要对项目方案进行科学、合理的并行化分解，然后分配到各劳动小组协同进行。并行协同的显著特征就是整体性与独立性兼顾呈现，课堂教学、劳动实践与活动课程多线开展，劳动知识、劳动技能与劳动价值多维发展。

3. 项目实施效果的多元综合评价

项目经过完整的实施后，要关注学生劳动技能和品质的系统化与结构化迁移，并将劳动表现纳入综合素质评价体系，以评价促进劳动价值体认。依据学段结束时综合劳动观念、实践能力、精神品质、劳动习惯和产品质量等方面的表现，对劳动素养发展状况进行多元综合评定，并为此研究制定“项目生产劳动综合评价量表”，同时将评价结果放入学生综合素质评价档案中。

三、普通高中劳动教育项目化实施案例

（一）因地制宜的劳动教育项目资源建设

以广州市增城区高级中学为例。该校位于广州市东部，地理坐标北纬23° 4′、东经 113° 6′，属南亚热带海洋性季风气候，气温高、雨量充沛、光照充足，全年可栽培作物。近年来该校利用自己所处特殊地理区位与自然资源条件，开辟种植园，种植了百余种芳香类中草药。除了依山傍水的中草药种植园资源之外，该校还具有密切融合传统文化的“六艺儒苑”和“我与科学”等特色课程建设基础，广州市中医药文化进校园试点学校实践基础，以及以劳育人的学校文化建设经验等，以上资源统筹构成了学校劳动资源系统。结合学生在国家课程学科学习中对植物生长规律、活性成分结构、性质及应用等方面具备的知识基础，进行了建构主义劳动教育实践，为学生提供真实的项目化劳动情境，让他们积极建构劳动观念。据此筛选出芳香类中草

药的种植、管理、采摘、加工及系列化产品生产作为学校劳动平台，并进行项目系统建设。通过统筹构建，形成了与日常生活关系密切的“芳香类中草药系列产品制作”这一因地制宜的项目化生产劳动系统。由此可见，每所普通高中都可利用自身资源优势，选择并发展自己的生成性项目系统。

（二）跨界融通的劳动教育项目创新设计

仍以广州市增城区高级中学为例。为了实现结构良好的项目创意设计，采用了“跨界融通”策略。以特定的芳香类中草药产品生产为中心，运用聚合思维方法，综合运用包括信息技术和数学思维在内的不同领域技能与知识进行跨界融通组织，制订创意性设计方案，指导产品生产劳动。在实践中总结形成了跨界融通的“五维度”项目创意设计模板，引导师生进行创意设计（见表 4–2）。

表 4–2　产品生产的跨界融通“五维度”创意设计

劳动项目	
知识技能	
跨界融通	
结构创新	
劳动方案	

例如，将布艺和书画进行跨界融通，生产时尚实用的艾绒坐垫等产品；将李子柒的网络节目转化成学生喜闻乐见的生产劳动项目，打破不同领域之间的“次元壁”，实现项目跨界融通创意设计；等等。通过跨界融通的项目创意设计，实现《大中小学劳动教育指导纲要（试行）》关于“科学设计课内外劳动项目，采取灵活多样形式，激发学生劳动的内在需求和动力”的要求。

（三）树状生长的劳动教育项目系统整合

广州市增城区高级中学采用“树状生成”方式进行劳动教育项目的系统整合。以教育目标为“根”，启动劳动教育；以劳动资源为“干”，进行项目培育；以项目生成为“枝”，促进项目生长；以创意设计为“花”，实现创意物化；以项目统整为“树”，形成项目体系。该校的“芳香类中草药系列产品制作”项目化生产劳动系统就是一个系统整合的范例：项目的系统整合与建构基于校本资源条件；衔接学生学科学习知识与技能基础；融合传统文化与现代科学；体现时代特征和社会需要；具有丰富的课程内涵和价值意蕴。通过统筹构建，形成了自主开发的综合性、实践性、开放性、生成性的项目化劳动教育体系，目前，该项目的生产劳动已形成包括工业、农业和手工生产3个系列、9类专题和40种创意产品，内容丰富、形式多样，能够充分满足学生多样化、自主性的选择需求。

（四）并行协同的劳动教育项目方案实施

广州市增城区高级中学在项目化劳动实践中，对每个生成项目进行“六层递进”的教学设计，然后运用“并行协同”组织策略进行课堂教学实施。以“艾绒的制作”劳动为例，首先完成项目的融合创意设计，然后根据实际情况对项目任务进行并行化分解，将艾绒的制作分解为4个步骤：①挑拣：除去干燥艾草枝梗后将艾叶搓揉成小团；②杵捣：将艾叶团放在石臼中反复杵捣；③筛分：杵捣物过筛除去细粉并挑拣出杂质，得到粗艾绒；④精制：重复②、③两步，这个过程重复次数越多，艾绒就越精纯。然后将这几项相互关联的劳动任务均衡分配到不同劳动小组同时进行。分解后的劳动步骤虽然相对独立，但相互之间仍然存在内在逻辑联系，可分组协同进行，从而保证了“艾绒的制作”等大型和复杂劳动项目的顺利实施。并行协同既能保证在课时内完成任务，又能保证课堂教学与劳动实践活动多线展开，劳动知识、技能与价值多维发展。科学、合理和均衡的任务分配可以让全体学生满负荷劳动，场面热火朝天，个个出力流汗。因此，并行协同可作为普通高中劳动教育项目教学实施的有效参照模式。

四、普通高中劳动教育项目化实践成效

（一）项目化劳动实践发挥学校主导作用

项目化实践有利于发挥学校的主导作用，进行学校劳动教育的系统培育。例如，广州市增城区高级中学选择了劳动教育体系化、项目化建设之路。从项目生成、创意设计、系统建构到教学实施，进行了系统性的探索与实践，建构了具有鲜明时代特征的“芳香类中草药系列产品制作”项目化生产劳动系统。充满创新元素的项目化生产劳动实践发挥了独特的教育功能：促进了学校整体教育质量的提升；引导学生从知识学习者成为创造性劳动者；

引领教师从学科教学走向劳动教育组织者；推动学校从课程实施者走向课程建构者。

（二）项目化劳动实践拓展劳动教育路径

由于资源整合策略在项目生成过程中的实践，使得普通高中可以根据学校教育传统、办学条件和资源优势，因地制宜、顺时施宜地选择并发展自己的劳动教育项目系统，从而使学校劳动教育路径多样化、策略多元化。例如，广州市增城区派潭中学的“乌榄分享”项目；仙村中学的“花草栽种”项目；增城中学的“鹤岭茶艺”项目；等等。以上项目均体现了项目化劳动教育的路径多样性和内涵丰富性。

（三）项目化劳动实践强化学生劳动体验

项目化生产劳动以体力劳动为主，强化实践体验，让学生亲历劳动过程，培养正确劳动价值观和良好劳动品质。在广州市增城区高级中学，当学生们尝试了亲手制作的“艾纯露浴液”产品后，真切感受到挥汗如雨的生产劳动所创造的价值。近两年来，学生劳动产品参加省、市劳动教育成果展示活动创意作品现场展示，不仅多次获奖，还吸引了众多参观者目光，参观者在试用系列产品后纷纷点赞，数百份产品很快被争相带走。

（四）项目化实践的示范效应与社会影响

由于项目化生产劳动实践策略的跨界融通特性，使它具备了广泛的兼容性和可推广性。“芳香类中草药系列产品制作”项目化生产劳动系统建构成果多次参加省内外交流，受到许多普通高中重视。在学习交流中大家对“芳香类中草药系列产品制作”项目化生产劳动在项目选择、产品生产、美育融合和系统建构等方面进行了深入研讨，并给予高度评价。同时，因该项目化生产劳动鲜明的时代特征，得到媒体的广泛关注，先后被广东电视台、广州电视台和《羊城晚报》等媒体进行专题报道。

第二节　打破“次元壁”的劳动项目实践

二次元世界通常泛指动画、游戏作品中的角色、故事及所营造出的世界。相对的三次元世界，也就是我们生活其中的现实世界。两个次元互不相通的情况普遍发生在学校里和社会上，本书中的次元壁代表学校的界限，破次元壁就是不同的行业、专业、学科主体之间不断相互渗透、协同交融、互补共生的过程，可以创造出很多新型的结构。把劳动教育与社会生产生活等各领域相融通，打破它们之间的原有界限，在项目基础上交叉渗透、协同交融，产生新的融通性劳动方案。注重各种不同资源的破次元壁，为学生劳动素养构建“立交桥”。这也非常符合《普通高中课程方案（2017 年版 2020 年修订）》“增强课程内容与社会生活、高等教育和职业发展的内在联系”的规定，使国家课程校本化实施有了创新的路径和方法。

《国家中长期教育改革和发展规划纲要》指出：“将劳动教育与学生的个人生活、校园生活和社会生活有机结合起来，丰富劳动体验，提高劳动能力，深化对劳动价值的理解。”“芳香类中草药系列产品制作”项目实现了 3 个目标：一是进行了跨领域和跨文化视角的项目融通；二是对一般项目进行结构化构建使之具有创新性与生成性；三是为学生提供了系列化、体验性、生成性和创新性的情境化项目劳动实践。

现代人类倡导生态、环保、时尚的生活方式，向往亲自动手打造个性化生活环境。普通高中项目化劳动教育试图寻找科学、文化与生活三者内在的融通规律，根据科学的“相似相溶”规律，认为也应该存在文化与生活方面的“相似相融”规律。该研究探讨了现代生活方式中的学科知识、文化背景和创意制作三元互动的融通方法与规律，为学校开展项目化劳动教育带来文化的领悟、方法的革新和课程资源领域的拓展。

一、劳动主题的产生

“2020 年 5 月，中国农民丰收节组织指导委员会正式设立‘中国农民丰收节推广大使'，袁隆平、冯巩、海霞、冯骥才、李子柒5人受聘担任首批推广大使……”网友高呼“次元壁破了！”李子柒与袁隆平、冯巩等是来自中国社会不同行业的名人，但现在却有了“推广大使”这一共同身份，确实可以用打破“次元壁”来形容。笔者被节目中的生态生活、时尚美感所震撼，决定运用学科与文化融合的视角与方法，将李子柒网络视频节目中的“用鲜花做一套胭脂”转化成一个劳动教育项目，并进行了劳动教学实践。

二、劳动任务设计

（一）付诸生活实践，培养劳动的核心技能

通过参与胭脂膏、眉黛膏和玫瑰口红制作的劳动过程，树立科技创新劳动创造财富、改变生活方式、创造美好世界的价值观，增强学生热爱劳动、勤奋劳动、诚实劳动、创造性劳动的意识。通过制作系列美颜品的完整劳动实践，浓缩简单劳动到复杂劳动的进程。让学生既能体验挥汗如雨、汗流浃背的体力劳动，又能收获丰收的喜悦。付诸生活实践，实现劳动教育创新。

（二）实现创意物化，让劳动提供公益服务

在劳动教育实践中，理解并掌握各种原料的结构与性质在产品制作中的重要意义和实际应用。结合产品制作体系的科学原理，掌握以中草药提取物作为主要成分制作美容护肤化妆品的科学、技术与工程方法，并制作胭脂膏、眉黛膏和玫瑰唇纸系列生态美颜品，供师生体验和提供社会公益服务。

（三）项目化劳动的技术与工程方案设计

以胭脂膏的制作方案设计为例

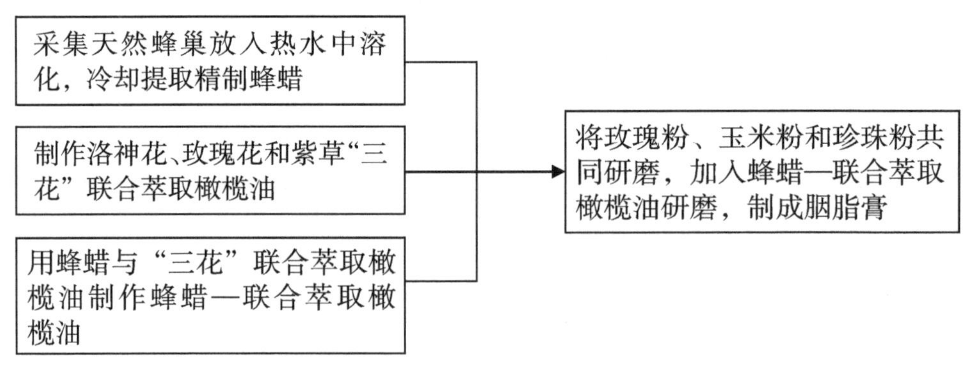

三、学科与文化的融合

（一）胭脂膏制作中的知识融合

1. 从天然蜂巢到精制蜂蜡

将采集的天然蜂巢放入盛有热水的砂锅中，搅拌溶化。然后趁热用纱布挤压过滤于盛有热水的容器中，冷却后得到浮于水面的浅黄色片状精制蜂蜡。蜂蜡在 20℃时的密度为 0.954 ～ 0.964 克 / 立方厘米，熔点在 62℃～ 67℃，因此用简单的水浴加热溶化—过滤漂洗便可提纯精制。在接近水的沸点 100℃条件下，蜂蜡的有效成分全部溶化，这时趁热过滤，即可除去不溶化的固体残渣。将滤液自然冷却，蜂蜡浮于水面，水溶性杂质溶解于水中。直接捞出用水冲洗、干燥即得精制蜂蜡。可见该劳动的基础是无所不在的自然规律和文化知识，这里至少涉及物质相互作用的“相似相溶”规律。

2. 洛神花、玫瑰花和紫草浸泡橄榄油

将干燥的洛神花、玫瑰花和紫草放入大口玻璃瓶中，再加入橄榄油至刚好浸没原料。经过至少 10 日的浸泡，再用纱布过滤，得到紫红色的“三花”联合萃取橄榄油。

玫瑰花、洛神花富含人体所需氨基酸、蛋白质，还原糖、有机酸维生素 C，大量天然色素及多种矿物质，以及三大养生素：天然花青素、天然类黄酮素、天然总多酚。紫草主要成分为紫草素、乙酰紫草素等。“橄榄油主要成分是饱和与单不饱和脂肪酸甘油酯，富含与皮肤亲和力极佳的角鲨烯和维生素等物质”，皮肤吸收迅速，可有效保持皮肤弹性和润泽，是可以“吃”的美容护肤品。以上“三花”含有的有效活性成分都具有良好的脂溶性，将“三花”加入橄榄油长时间浸泡，脂溶解性成分都会溶解于橄榄油中，形成以橄榄油为基质的多功能复杂体系。

3. 蜂蜡—联合萃取橄榄油的制作

将精制蜂蜡掰碎之后放入一只瓷杯中，再加入几乎等量的“三花”联合萃取橄榄油，再将瓷杯放到水浴中加热溶化得到蜂蜡—联合萃取橄榄油。

4. 玫瑰粉、玉米粉和珍珠粉制作胭脂膏

将玫瑰粉、玉米粉和珍珠粉混合共同研磨，再加入蜂蜡—联合萃取橄榄油继续研磨，制成紫红色胭脂膏。

玫瑰粉是玫瑰花瓣经膜技术净化、浓缩后，真空冷冻干燥制得。玉米粉的主要成分淀粉，是一种多糖。以淡水珍珠制成的“珍珠粉主要成分是蛋白质，水解后可得到 18 种氨基酸，其中 7 种是人体必需氨基酸；还有文石结构的碳酸钙及 20 多种微量元素及维生素 B，具有外用美白功效”。将玫瑰粉、玉米粉、珍珠粉“三粉”加入研钵中，用研杵充分研磨，“三粉”中的固体粒子直径就会不断减小，直到 100 纳米范围内，此时已经制得了纳米级的“三粉”。再加入蜂蜡—联合萃取橄榄油继续研磨，研磨是最好的分散方法。粉末在充分研磨时，强劲的剪切力使固体粉末在液体内及时得到分散，完成粉末的解聚，被橄榄油浸润均化后形成纳米乳液的胭脂膏，具有奇特的纳米效应，难怪那么好看好用！

（二）眉黛膏制作中的知识融合

1. 蜂蜡—橄榄混合油的制作

将精制蜂蜡掰碎之后放入一只瓷杯中，再加入等量的橄榄油，再将瓷杯放到水浴中加热溶化得到蜂蜡—橄榄混合油。

橄榄油和精制蜂蜡的主要成分都是结构相似的分子，蜂蜡的主要成分是高级脂肪酸和一元醇所合成的酯类、脂肪酸和糖类，橄榄油的主要成分是饱和与单不饱和脂肪酸甘油酯。由于“相似相溶”原理，单是在加热搅拌的情况下，就可以使蜂蜡很快溶解于橄榄油，轻松得到混合油。

2. 用咖啡粉、青黛粉和竹炭粉制作眉黛膏

适量的咖啡因会加速新陈代谢，并能够改善皮肤的粗糙现象。青黛粉为双子叶蓝类植物叶中的干燥色素，主要含靛蓝。竹炭粉的炭化材料，具有吸湿调湿和美容美肤作用。将咖啡粉、青黛粉和竹炭粉“三粉”进行研磨，作用原理与胭脂膏的制作相同。特别的是，竹炭粉具有强大的选择性吸附作用，可将咖啡粉、青黛粉和蜂蜡—橄榄混合油中的活性成分吸附固定于活性炭中，形成集具有多种生理药理功能于一体的碳纳米粒子，这些碳纳米粒子（球、管）由于独特的纳米效应，很容易被皮肤亲和。

（三）唇纸制作中的知识融合

1. 新鲜玫瑰花汁的榨取

采集鲜艳的玫瑰花瓣，将玫瑰花瓣放入研钵中，加入适量白酒，挤入新

鲜柠檬汁进行研磨。研磨后用纱布挤压过滤，将汁液挤入一个小砂锅中，得到玫瑰花汁。接着，将装有玫瑰花汁的小砂锅置于小火上慢慢加热。玫瑰色素在中性和弱酸性条件下为玫瑰紫红色，弱碱性条件下呈蓝绿色。将玫瑰花充分研磨的目的是通过剪切力强力破坏细胞壁，起到“破壁机”的作用，使细胞释放色素。这些色素可溶于水，但更容易溶于乙醇，因此加入少许白酒帮助溶出玫瑰色素。挤入一定量的柠檬汁，目的是调节 pH 值至酸性，使色素显紫红色。将玫瑰花汁置于小火上加热浓缩：一是加热蒸发掉助溶的酒精，减少对皮肤的刺激；二是蒸发掉多余的水分浓缩色素，便于为唇纸上色。

2. 玫瑰唇纸的制作

首先，将一张原浆纸剪成大小合适的小纸条，浸在玫瑰花汁中。然后，捞出小纸条用笔蘸上玫瑰花汁继续上色 3 次至 5 次。普通的原浆纸和看上去平淡无奇的浸泡上色操作，还隐含着什么奥秘呢？原浆纸是直接用植物原料经过蒸煮漂洗等造纸工序直接制成的各种品种的纸，原浆纸的绝大部分成分都是纤维素，能够吸附各种色素和微量元素离子，是最为理想的优质唇纸。

四、工具与资源准备

（一）劳动工具准备

制作中使用的主要仪器和用品：加热套装，研钵，纱布，原浆纸，竹凉席，干净毛笔，表面皿，等等。

（二）劳动资源准备

1. 胭脂膏的资源准备

（1）用天然蜂巢提取精制蜂蜡

首先将采集的天然蜂巢放入盛有热水的不锈钢锅中加热至完全溶化，溶化后用玻璃棒充分搅拌，然后趁热用纱布挤压过滤于另一个盛有热水的不锈钢锅中，冷却后便得到浅黄色的片状精制蜂蜡。

（2）制作“三花”萃取橄榄油

首先，将干燥的洛神花、玫瑰花和紫草放入大口玻璃瓶中，再加入橄榄油至刚好浸没原料，进行浸泡萃取。这一步至少要提前 10 日进行。然后，再用纱布将浸泡液过滤于一个磨口玻璃瓶中，便可得到紫红色的“三花”联合萃取橄榄油，盖好磨塞密封备用。

（3）制作蜂蜡—联合萃取橄榄油。

（4）准备需要量的“胭脂三粉”：玫瑰粉、玉米粉和珍珠粉。

2. 眉黛膏的资源准备

（1）制作蜂蜡—橄榄混合油备用

在一只烧杯中加入掰碎的精制蜂蜡，再加入相等质量的橄榄油，将烧杯旋转于水浴中加热溶化、搅拌均匀备用。

（2）准备需要量的“眉黛三粉”：咖啡粉、青黛粉和竹炭粉。

3. 唇纸的资源准备

（1）新鲜玫瑰花汁的榨取

采集新鲜的玫瑰花瓣，将玫瑰花瓣放入研钵中，加入适量白酒，挤入一些新鲜柠檬汁，然后将玫瑰花充分研磨粉碎，放入多层纱布中挤压过滤，将汁液挤入一个小砂锅中，得到玫瑰花汁。然后将盛有玫瑰花汁小砂锅置于小火上慢慢加热，搅拌浓缩。

（2）唇纸载体的准备

选择质量、色泽符合要求的原浆纸，备用。

五、劳动任务的实施

（一）胭脂膏的制作

在研钵中先后加入质量比为 1∶1∶6 的“胭脂三粉”玫瑰粉、玉米粉、珍珠粉，混合研磨。充分研磨后，分批加入蜂蜡—联合萃取橄榄油，边加边研磨。反复研磨直到形成均匀稳定的紫红色膏状体，然后用小药勺将其转移入胭脂皿中，再用钵杵轻轻捣实，贴上标签。这样便制得玫瑰珍珠胭脂膏。

（二）眉黛膏的制作

在一只研钵中分别加入质量比为 1∶1∶6 的“眉黛三粉”咖啡粉、青黛粉、竹炭粉，混合研磨。充分研磨之后分批加入少量蜂蜡—橄榄混合油，边加边研磨。直至半固体状，用小药勺将其转移入胭脂皿中，再用研杵轻轻捣实，贴上标签。这样便制得眉黛膏。

（三）唇纸的制作

首先将一张原浆纸剪成约 8 厘米 ×3 厘米的纸条，放入热的浓缩玫瑰花汁中浸透，使其充分吸收玫瑰花汁。然后用镊子取出，平铺放在干净的竹凉席上，再用干净毛笔蘸上浓缩玫瑰花汁，反复涂抹上色 3 ～ 5 次，直到满意为止。最后将其放在通风处风干，紫红色的玫瑰唇纸便制作完成。

六、劳动的价值评价

普通高中生产劳动教育课程呼应了当代中国人心灵深处向传统回归的迫切需要。在不断加速的城市化进程中，在不断加快的生活节奏里，快餐文化无法真正抚慰和安顿人的内心。“芳香类中草药系列产品制作”生产劳动项目在很大程度上满足了人们对朴素劳动和自由生活的想象与追求。

该劳动项目还在具体的生活场景中打破了不同领域之间、传统与现代之间的“次元壁”，将生活之美、文化之美和劳动之美置入当代人的心灵之中，达到了四两拨千斤的效果。该劳动项目系列美颜产品的制作经历了材料准备、产品制作、包装等流程，再现了劳动的日常场景。美不仅体现在劳动成果的呈现，还体现在劳动的整个过程中。今天我们学习、继承和发扬中华优秀传统文化，要立足当下、关切现实。该项目还具有深刻的隐喻：劳动不仅创造具有价值的公益产品，还创造冲破“次元壁”之美的精神产品。

所以，该劳动项目不仅含有传统文化美的生活化劳动，还含有现代科学的丰富知识，将其转化为劳动教育课程，意义重大。在传统文化、学科知识、产品制作“三体”之间穿越，构成了该劳动项目劳动美的特色。通过隐性的学科领域、半隐性的传统文化和显性的美颜产品制作，预示着劳动技能、品质和精神都建构于不同领域与生活文化之上。脱离知识与生活的劳动是缺乏生命力的，因此也是乏味和不能长久的，这对我们的高中劳动教育具有启发意义，对创新地实施新课程“学科整合”的教学理念也具有一定的借鉴意义！

第三节 并行协同的劳动项目教学模式

作为一个独立的学科，劳动教育进课堂是将劳动教育纳入普通高中必修课程的主要途径和方式。因此，针对劳动教育实践模式及策略的研究，成为实施劳动教育的关键，也是当前人们关注的焦点。从生产劳动本质特征入手，依据教学实践，运用合作学习和最近发展区理论，构建普通高中生产劳动的“并行协同”项目教学实践模式。通过具体实例展示复杂劳动项目的并行分解与协同综合原则与方法，以及并行劳动流程的协调与管理技术，从而形成生产劳动的“并行协同”项目教学实践策略。通过实践探索证明“并行协同”的劳动项目教学模式具有系统性、完整性、高效性和均衡性等特点，在培养学生综合性劳动素养方面效果显著，成为国家课程校本化实施的重要保证!

2020 年 3 月 20 日，中共中央、国务院印发《关于全面加强新时代大中小学劳动教育的意见》，进一步要求“劳动教育要纳入学生必修课程，劳动素养纳入综合素质评价体系”。生产劳动包含文化承载、知识技能、产品生产等环节，决定了生产劳动的跨界性、复杂性、动态性和综合性，使生产劳动成为一类更为复杂和综合的劳动教育形态。因此，承载传统文化的生产劳动的大容量和复杂性给课堂教学实施带来很大困难。如何进行复杂形态项目生产劳动的高效实施，是大家关注的一个难点。从课程实施的角度考虑，将劳动教育纳入普通高中必修课程，首先必须解决的问题是：基于课堂教学，怎样才能在有限的课时内实施并完成相对其他劳动形式更为复杂的完整生产劳动过程？笔者在这一领域进行了大量的理论研究与实践探索。

一、普通高中劳动教育中生产劳动的内涵特征与意义

笔者所在学校为了劳动教育发展的实际需要，近年来进行了将生产劳动纳入劳动课程的探索。学校教师具有多年的中医药文化进校园活动实践经验，融合传统文化的特色课程建设基础，依山傍水的中草药资源条件，培养

了一批劳动教育教师团队。这些基础建设使学校具备了系统性的劳动教育资源优势。根据皮亚杰认知发展性理论，高中阶段学生认知水平已经达到形式运算阶段，学生思维发展到逻辑推理水平，可以对项目做出逻辑性判断和创造性反映。再依据生产劳动四大特征：综合运用知识技术、经历完整创造过程、强化规划设计意识和提高创意物化能力。笔者认为生产劳动作为普通高中劳动教育的主要形式具有合理性与可行性。于是笔者所在学校结合普通高中学生认知特点，围绕劳动能力培养目标，引导学生从现实生活发现需求，积极融合传统文化，统筹选择了与人们日常生活密切相关的“芳香类中草药系列产品制作”作为学校的生产劳动项目。基于项目创设真实劳动情境，提供情境化实践平台，从而“让学生动手实践、出力流汗，接受锻炼、磨炼意志，培养学生正确劳动价值观和良好劳动品质”。

生产劳动包含多种内涵变量：知识技术、创造过程、规划设计、创意物化、综合创新等。这些变量决定了生产劳动的跨界性、复杂性、动态性和综合性等特征，所以生产劳动在三大劳动形态（还有日常生活劳动和服务性劳动）中，是一种更为复杂和综合性的劳动教育形态。具有复杂形态的生产劳动项目化实践符合高中学生的认知发展特点，可以有效解决学生中长期存在的不想劳动和不会劳动的问题，对高中学生正确劳动价值观和良好劳动品质的培养具有独特价值与意义。因此，具有复杂形态的生产劳动的科学、合理和高效实施，是笔者近年来特别关注的一个问题。笔者通过不断探索，初步构建了普通高中劳动教育中生产劳动的“并行协同式”项目教学实践模式，以下叙述中一概简称为“并行协同”项目教学模式。

二、普通高中生产劳动的并行协同项目教学模式

（一）合作学习是生产劳动项目实践的理论基础

合作学习是20世纪70年代初兴起，并在80年代取得实质性进展的一种富有创意和实效性的教学理论与策略。合作学习是当前教育教学中较为常用的一种方法，其主要是将学生进行合理的小组划分，以共同完成任务为目标，要求学生在合作小组内进行恰当的分工和团结合作，进而完成学习任务。大量的教学实践证明合作学习有助于提升学生学习成绩，在学生综合素

质培养及发展方面具有重要作用。显然，合作学习作为一种结构化、系统性的学习策略，非常适合运用于普通高中项目化劳动教育，特别是生产劳动项目的组织与实施。合作学习可以在促进学生发挥特长的同时，提高小组整体的合作效能，完成特定的生产劳动任务，获得共同进步。实质上，“并行协同”项目教学模式的目标就是在项目环境下，对学生小组合作劳动提供系统支持。

合作学习中教师的作用仍然很重要。建构主义认为，“在课堂教学中，教师应该从传统的知识传授者的权威角色，转变为学生学习的辅导者、帮助者、促进者，成为学生学习的高级合作者”。在生产劳动项目的并行协同式项目实践中，师生关系属于“网络化互动”模式。师生之间、学生之间处于一种动态交流和互动协调的关系。因此，各个小组工作流程之间协调得好坏是劳动教育教学成功与否的重要标志，而实现有序协调的重要手段是对系统内部错综复杂的小组劳动过程进行科学、系统和有效的协同管理。

（二）最近发展区是生产劳动项目构建的认知依据

项目实践过程中，生产劳动项目的合理选择与构建非常重要。劳动教育实践证明，项目是生产劳动教育实践不可缺少的情境化平台，而且体系化的项目平台更是劳动教育常态化和稳定化的基础保障。从建构主义角度来看，劳动教育项目的选择与构建必须遵从以下原则和要求：第一，符合学生年龄特点与认知基础。劳动项目选择要符合学生年龄发展阶段性特点，最好与学生兴趣特长和未来的职业生涯规划相联系、相结合。项目劳动必须了解学生的认知基础，与当前国家课程学科知识基础相衔接，使学生能够运用已经学过的学科知识解决问题。第二，适合学生现有的技能水平。特别是生产劳动项目的技术难度不宜过大，复杂程度不宜过高，延续时间不宜过长。项目的选择与构建，必须考虑学生实际情况，把握知识技能的难度与跨度，过于简单或过于复杂的项目，都不适合学生的实际需要。

因此，生产劳动项目的选择与构建要为学生提供“最近发展区”，最好采用支架式教学方式，把学生要学习的内容分割成许多便于掌握的片段，向学生示范要掌握的技能，提供有提示的练习。教师自始至终提供方法和技术指导，学生在实施中了解技术路线，掌握工具，完成制作。因此，在较为复杂的项目化生产劳动中，教师提供支持的主要方向应该是在特定项目分解的基础上，对项目劳动实践所需的知识、技能、工具、技术路线等方面进行指引和帮助。

（三）生产劳动的“并行协同”项目教学模式的运行机制

劳动教育中生产劳动的“并行协同”项目教学模式是基于建构主义理论，并经过大量生产劳动教学实践，在不断淬炼中逐步形成的一种生产劳动的项目化教学实践组织策略。其中“并行”一词来自计算机科学，指同一时刻做多件事情。“并行协同”策略，是指在同一劳动项目中同时执行两个或多个相互协同的劳动步骤。该策略特别适合解决大型和复杂劳动项目实施中的课时和场地有限性矛盾问题。因此，“并行协同”项目教学模式可定义为：“并行协同”系统支持同一班级学生分组参与同一个劳动项目，并提供给他们关于项目任务的完整信息，以及共同达成的劳动产品生产目标。即同一个项目、多个功能小组、为完成一项共同劳动任务而组成相互协同的工作网络，每个任务可以独立于其他任务分别执行，但需要相互之间进行协作，也包括教师为整个网络提供的协同支持。这需要教师制订详细的项目教学规划和较高的协调控制能力，才能保证并行任务执行的正确性和可靠性，从而顺利完成并行协同生产劳动任务。

为了进行并行协同劳动，首先要对项目进行科学、合理的并行化分解，形成功能相对独立的“并行任务”，然后分配到各功能小组协同进行。所以，并行任务之间的关系是横向的。而每个并行任务内部的运行则是按照各自的工作流程进行“串行”的，因而是纵向的。对于一个特定生产劳动项目，假设分解为 4 个并行任务 A、B、C、D，则相互之间进行横向协同；而并行任务 A、B、C、D 则分别依各自的时序逻辑关系制定的工作流程纵向运行。每个并行任务是相对独立的，但相互之间却是协同进行的，并且并行任务完成后，将立即进行协同综合组装成产品，因而仍然是整体性的。因此，该模式的整体系统架构包括项目设计、并行分解、工作流程、协同综合 4 个层次。从而构成生产劳动“并行协同”项目教学模式，示意如图 4–1 所示。

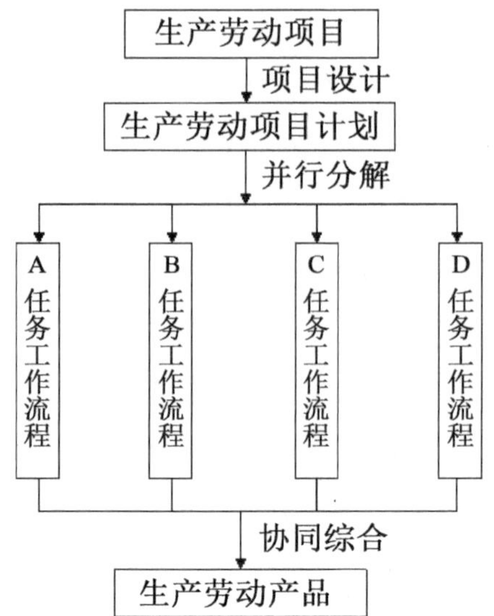

图 4-1 生产劳动的“并行协同”项目教学模式示意

三、普通高中生产劳动的并行协同模式实施策略

(一)劳动项目并行分解与协同综合的原则方法

生产劳动项目并行化分解的基本原则是基于项目特征，依据产品形态、任务功能独立、活动自成体系、劳动容量均衡等。并行协同的方法论原理是从整体到部分的系统分解和功能部分之间的系统综合。系统分解就是将复杂系统转化为相对简单独立的子系统，或将高维复杂问题转化为低维简单问题，或将多参数问题转化为少参数问题。由于项目系统各部分存在着固有内在关联，分解后的子系统一般与原系统并不等价，但相互之间存在着联系，因此分解后还需进行系统协同综合，才能完成生产项目。协同综合要求生产过程的各阶段、各环节在品种、数量、进度和投入产出等方面都相互协调配合，紧密衔接。例如，劳动产品一般都是由多个部件组成的，只有将各个独立但相互兼容的部件进行组装，才能成为劳动产品。因此，协同综合是生产劳动过程中的创意物化阶段，在生产劳动项目实践中占有重要地位。

以“捶草拓画艾绒布艺产品”生产劳动为例(见图 4–2)。“捶草拓画”来源于“捶草印花”这种古老的染印技艺，是中国传统染色技法植物拓染、拍染和捶染的延伸，是一种民间印染特技。而选用什么草、什么布和用什么固色，是“捶草拓画”的关键。“捶草拓画”的主要工艺流程可以概括为四个步骤：采草择叶，摆布造型，捶草着色，浸润固色。而艾绒则是由菊科植物艾叶经过反复晾晒，然后用杵捶打，筛除杂质后得到的细软如棉的天然加工品，其主要功效有通经活络、芳香辟秽、温经止血、散寒止痛等养生保健作用，根据中医理论外用艾绒灸法还能治病。利用艾绒的功效，可以制成人们日常生活的各种保健用品，如艾绒T恤衫、枕头、抱枕、坐垫、衣物、各种护具、被子等。这些布艺产品里面的芳香艾绒有较强的穿透能力，通过渗透刺激神阙、大椎、会阴等穴位，将艾绒药效送达人体各个部位，体现了传统中医药文化“未病先治”和“内病外治”理念。可见本项目具有复杂性、高维性和多参数性等特点，必须通过合理的并行分解，将项目分解为精制艾绒制作、捶草拓画T恤衫制作和捶草拓画系列抱枕制作3个并行劳动任务。从而实现较为复杂项目并行任务的功能化、体系化和均衡性，也为协同综合形成产品创造了完美的条件。

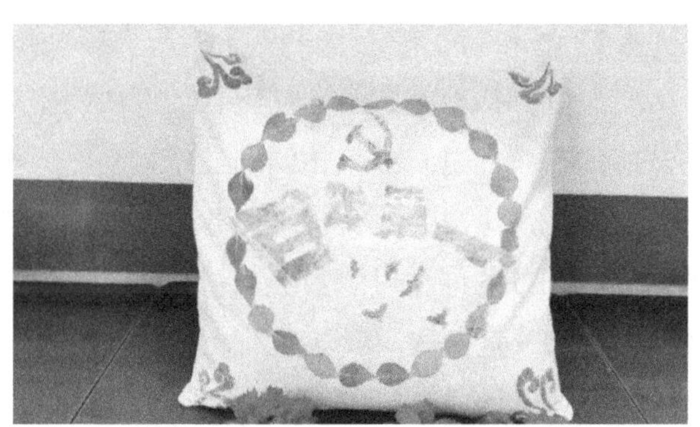

图 4–2　捶草拓画献礼建党百年艾绒抱枕

（二）并行小组劳动流程的有效协调与管理技术

纵向的并行任务工作流程是为了实现劳动目标，分解后的并行任务内部依时序或逻辑关系相互连接构成的工作流程，它包括一组活动及它们的相互顺序关系。并行任务工作流程具有重要意义，它可以通过将工作活动分解成定义良好的任务、角色、规则和过程来进行执行和监控，从而达到提高生产组织水平和工作效率的目的。建立并行劳动小组，每个成员对自己的任务负责，通过工作流程制作一个组件。特别强调，生产劳动项目实践中的并行任务小组，不同于传统的班级行政管理小组，而是根据每个并行任务的性质与要求，按照学生的个性特长与兴趣组成结构合理、适合完成特定任务的劳动小组，所以又将这样的小组称为“功能小组”。根据劳动任务的均衡性原则，各功能小组成员人数也不一定要求相同。教师必须事先对每个学生的能力有一个正确的估计，分配给他们力所能及的劳动任务。这样分组的目的在于发挥学生的兴趣、个性与特长，通过良好的协同完成合适的任务，为劳动教育项目实践的均衡参与奠定基础。

例如，“捶草拓画艾绒布艺产品”生产劳动实践中，建立了 3 个并行系列、14 个并行生产劳动小组，并给每个劳动小组都赋予明确任务，在课前予以公布。考虑到任务的容量和参与的均衡性，如相对比较简单且重复的任务，则分配给人数较少的并行小组来执行。有时还必须对较大的任务进行再分解，组成更小的功能小组。例如，将精制艾绒制作任务再分解为艾草分拣、艾草杵捣、艾绒筛分、艾绒精制 4 个更小的并行组，并制定相应的工作流程及具体产品质量要求。同时，也给另外的两个并行任务（T 恤衫制作和抱枕制作）制定了工作流程：布艺裁缝→图案设计→媒染测试→捶草拓画→组装产品。同时要求这两个并行组任务执行过程要相互配合，例如先按自己的任务剪裁布料，然后在剪裁好的布料上进行捶草拓画，最后缝制。这样既可以让画拓在预设位置，又可以避免混染。当执行拓画任务的同学对布料进行捶草拓画的同时，执行剪裁缝制任务的同学可以裁缝艾绒内胆，达到最佳的并行协同效果，使得项目实践中人人有事做，事事有人做。

（三）生产劳动项目并行协同模式教学实施案例

生产劳动的项目实践是落实普通高中劳动教育的关键性实践环节。这里仍以“捶草拓画艾绒布艺产品”生产为例，说明“并行协同”项目教学模式的组织实施策略。①项目设计。进行“捶草拓画艾绒布艺产品”生产劳动项目的融合创意设计。②并行分解。根据实际情况对生产项目任务进行并行化分解，分为 3 个并行系列和 14 个生产劳动小组，分别是精制艾绒制作、捶草拓画 T 恤衫制作、捶草拓画系列抱枕制作。③工作流程。运用串行方法制定各个并行任务的工作流程，每个并行任务分配给 3 ～ 4 名小组成员，针对各自的主题进行研究、完成设计，并制定技术流程。④协同综合。工作流程结束之后，并行小组之间相互自主协同综合，组装劳动产品，完成自己的劳动任务。

在项目实施前，教师必须给学生以明确的指导，让学生明确小组的劳动目标。包括各并行组的劳动任务、工作次序、所用材料和工具、必要的知识和操作技能，形成有效的支架式引导和帮助。例如，“捶草拓画艾绒布艺产品”生产劳动实践中，必须指导学生首先掌握捶草拓画和媒染固色这些关键性的劳动技术。捶草拓画工艺使用的主要工具有垫板、捶具、面料和植物叶片等。方法是在垫板上铺上面料，按设计方案摆放叶片或花瓣，轻轻放上覆盖布，然后在覆盖处用捶具进行捶打。捶打时，要控制好手上的力道，使捶打力恰到好处。捶打完成后，揭去覆盖布并去除叶片或花瓣残片，初步完成捶草拓画。接着进行媒染测试：许多植物含有单宁酸，其中多个邻位酚羟基可作为配位体与一些金属离子发生络合反应，形成具有特殊颜色的螯合物，可以将各种颜色牢固地附着在布料上形成染色效果。这样的金属离子叫作媒染剂，常用的有铁盐、铝盐、铜盐和钾盐等。注意，即使采用同一种植物材料，用不同的媒染剂，也可得到不同的色彩和效果，因此媒染固色是捶草拓画的艺术再创造过程。所以，必须事先进行简单的测试，以确定合适的媒染剂，然后用干净毛笔蘸上选定的媒染剂，在拓画上进行描摹、浸润固色，拓画作品才完成。具体劳动组织模式如表 4–3 所示。

表 4–3 “捶草拓画艾绒布艺产品”生产劳动的“并行协同式”组织模式

并行任务		串行流程
并行 A 组：精制艾绒制作	并行小组劳动主题： A1 组：艾草分拣 A2 组：艾草杵捣 A3 组：艾绒筛分 A4 组：艾绒精制	工作流程：分拣→杵捣→筛分→精制→艾绒产品。分拣组首先除去干燥艾草枝梗后将艾叶搓揉成一个个小团；杵捣组将艾叶小团放在石臼中反复杵捣；筛分组将杵捣物过筛除去细粉并挑拣出杂质，得到粗艾绒；精制组则对粗艾绒继续进行杵捣和筛分，杵捣与筛分次数越多，艾绒就越精纯
并行 B 组：捶草拓画 T 恤衫制作	并行小组劳动主题： B1 组：献礼建党百年 B2 组：廉洁修身文化 B3 组：二十四节气画 B4 组：传统吉祥纹饰 B5 组：艾・美系列产品	工作流程：T 恤衫裁缝→造型设计→媒染测试→捶草拓画→组装产品。首先进行 T 恤衫裁缝；接着按各自主题进行美术设计布局；用金属离子和碱性媒染剂选取植物叶子或花瓣进行媒染测试，选出合适的材料；进行捶草拓画；然后与并行 A 组协同组装，形成拓画艾绒 T 恤衫产品

续表

并行任务		串行流程
并行 C 组：捶草拓画系列抱枕制作	并行小组劳动主题： C1 组：献礼建党百年 C2 组：廉洁修身文化 C3 组：二十四节气画 C4 组：传统吉祥纹饰 C5 组：艾·美系列产品	工作流程：抱枕裁缝→造型设计→媒染测试→捶草拓画→组装产品。首先进行抱枕内胆和布套的裁缝工作；接着按主题进行美术设计布局；用金属离子和碱性媒染剂选取植物叶子或花瓣进行媒染测试，选出合适的材料；进行捶草拓画；然后与并行 A 组协同进行组装，形成拓画艾绒抱枕产品

四、生产劳动并行协同项目教学模式的系统功能

普通高中生产劳动的“并行协同”项目教学模式在实践中具有系统性、高效性和均衡性等优势与特点。

（一）系统性：保证劳动项目的系统性和完整性

运用“并行协同”课堂组织策略，将生产劳动项目通过并行分解，形成层次与维度分明的并行任务，使得不同层次与不同维度之间展现出清晰的逻辑关系，完成并行工作流程后，又可以通过协同综合生成新的整体结构——劳动产品，从而体现了生产劳动的创造性特征，这就是并行协同模式的系统性。因此，并行协同教学可以在有限的时间和空间中完整地实施一个从设计到产品的复杂项目劳动，保证了项目生产劳动的整体性和系统性。在一个课时内进行系统协调完成项目任务，产生系统性整体聚合能动效应，这样的项目劳动对培养学生的劳动素养、达成劳动教育的培养目标具有重要意义。

（二）高效性：通过并行协同完成复杂劳动任务

高效性就是通过项目生产劳动的并行与协同课堂组织，可以实现任务的功能优化和路径优化，帮助各并行小组稳定、快速、流畅和便捷地完成自己的劳动目标任务，然后经过协同综合顺利形成产品。生产劳动的高效性建立在并行分解与协同综合的基础之上，它使复杂劳动任务简单化和功能化，并行分解后的劳动步骤虽然相对独立，但相互之间仍然存在内在逻辑联系，协同进行，从而保证了大型和复杂劳动项目的顺利实施，在 1 个独立课时内即可完成一个比较复杂的生产劳动项目，体现了“并行协同”项目教学模式的高效性。简单与协同产生的高效性可以让学生快速完成任务，有力激发与提高学生的劳动兴趣与成就感。

（三）均衡性：促进学生均衡参与发展个性特长

均衡性就是在并行协同的环境下，合理配置劳动资源，发挥学生个性特长，在劳动中相互协调、动态调节，通过互相合作完成任务，让每个学生感受到他们在小组里都是不可或缺的重要角色，从而达到能力和激情的最优化状态。如果只有分工但无协同，课堂教学中就会出现混乱和重复劳动，就会造成有些学生在工作，有些学生没事做，从而破坏了劳动课堂的均衡性，必然削弱劳动教育的公平性。并行协同能够保证教师指导与学生劳动多线展开，劳动知识、技能与价值多维发展。因此，科学、合理和均衡的任务分解及人力与资源配置，可以让全体学生满负荷劳动，场面热火朝天，个个出力流汗。这使得“并行协同”项目教学模式可以成为普通高中生产劳动项目课堂教学实施的一种有效的参照模式。

第五章　和合创生的课程系统建构

第一节 和合创生劳动课程的设计与探索

本课程以党和国家关于全面加强新时代大中小学劳动教育的意见为导向，针对实证调查中发现的普通高中学校劳动教育普遍存在的系列化结构性问题，经多年探索实践，围绕芳香类中草药这一独具中国特色的传统项目，构建了理念先进、体系完整、过程扎实、成效显著的生产劳动课程体系——芳香类中草药产品生产劳动课程。课程以“和合创生”为特征，包含以下 4 个重要实践环节（见图 5-1）。

“和”——和而不同，因地制宜和丰富多彩的劳动项目选择；

“合”——跨界融通，融通跨领域知识技能的劳动产品设计；

“创”——创意物化，并行与协同综合的产品生产专题教学；

“生”——素养生成，构建劳动素养达成为目标的课程体系。

图 5-1 “和合创生”课程的 4 个实践环节

本书是国家课程校本化实施的结果，也是根据自身发展需求对国家课程进行二次开发的结果。

一、劳动教育课程建构的时代需要

（一）劳动教育课程建构的重要意义

劳动教育具有深刻的时代背景和重大现实意义。2018 年 9 月，在全国教育大会上习近平总书记指出，要努力构建德智体美劳全面培养的教育体系，形成高水平的人才培养体系。2020 年 3 月，中共中央、国务院发布了《关于全面加强新时代大中小学劳动教育的意见》，进一步指出劳动教育的重大意义："近年来一些青少年中出现了不珍惜劳动成果、不想劳动、不会劳动的现象，劳动的独特育人价值在一定程度上被忽视，劳动教育正被淡化、弱化。对此，全党全社会必须高度重视，采取有效措施切实加强劳动教育。"

（二）课程建构需要解决的现实问题

1. 对劳动教育课程育人的实践回答

本成果对普通高中劳动教育状况进行了多角度实证调查，发现开展劳动教育的学校多，但将劳动教育体系化和课程化且系统引导学生学会劳动的少。于是投入劳动教育课程构建探索，试图以课程为基础提供持久稳定的劳动教育，解决青少年"不珍惜劳动成果、不想劳动、不会劳动"的问题。

2. 劳动教育课程碎片化的现实拷问

调查显示，普遍存在的随意性和碎片化劳动活动，割裂了劳动教育自身的体系性，难以形成整体效应。因此，笔者决定围绕劳动教育总体目标，进行有目的、有计划、有组织的整体性和体系化整合，探索科学化、常态化和长效化实施路径，通过课程系统性地培育学生劳动价值和劳动技能。

3. 劳动教育课程区域引领的迫切之需

调查显示，目前许多学校劳动教育还处于路径探索之中。因此，根据国家相关规定，结合本地和本校实际情况，对劳动教育进行整体设计、系统规划，进行实践路径与关键环节的系统探索，呈现劳动教育课程建构的内在逻辑与行动策略，以引领区域课程建设，为国内普通高中劳动教育提供课程途径的策略与方法。

二、劳动教育课程建构的探索历程

（一）劳动教育课程建构的基础探索

1. 以劳育人的实践感悟

劳动教育在中外教育史上源远流长。从中国古代儒家的“六艺”教育，到文艺复兴时期英国人文主义学者莫尔在其《乌托邦》中提出的儿童边学习边参加农业生产劳动的设想，再到英国空想社会主义者欧文从科学技术进步，对劳动者素质的要求出发，提出和阐述教育与生产劳动相结合的思想并进行了初步实验；从无产阶级革命导师马克思、列宁提出关于“教育必须与生产劳动相结合”的思想并付诸实践，到毛泽东主席在社会主义建设时期反复强调教育与生产劳动相结合的重要性，提出从中国实际出发实施教育与生产劳动相结合的一系列主张并开展大规模的实验和探索，再到习近平总书记提出将劳动教育纳入人才培养全过程，培养一代又一代热爱劳动、勤于劳动、善于劳动的高素质劳动者，中华人民共和国成立以来一直把教育与生产劳动相结合作为教育方针的重要内容，充分体现了劳动教育经久不衰的强大生命力和独特育人价值。尽管不同历史时期劳动教育的形态有所不同，但却一以贯之，从未间断。在近 20 年里，笔者辗转广州市增城区荔城中学和高级中学两所普通高中从事教学与管理工作。按照早年的区类划分，两校均属于广州市第五类生源组，平均入学成绩在增城区排名大约为 5000 名。按此文化基础，高中三年后想考入本科就已经很困难，更不用说考取名牌大学。这样的生源状况在让人倍感压力的同时，也激发了另辟蹊径办学的创新意识。笔者深受清代阮元“交流四水抱城斜，散作千溪遍万家。深处种菱浅种稻，不深不浅种荷花”诗中因田施种的启发，感受到深浅不一的河流在农家人的开发下，竟很好地孕育了多种植物。这已不是简单的栽种，对不同树木的喜好，他们必须了如指掌。特定的环境适合特定的品种，认识到如何“因田施种”，不失为一门学问。因此，提出“提供适切教育，让每个孩子在对的位置上发光”的教育思想，引导学校因地制宜找准自己的发展坐标，办适合学生需要的教育，让每个孩子都能成为社会有用之才。于是笔者着手开发以劳育人特色课程，劳动课程的开发由此开始。

2. 以劳育人的课程尝试

2012 年 4 月，笔者设计构建的“荔风儒韵”特色课程成为广州市首批重点立项普通高中特色课程，该课程以“空乘服务”为核心内容、以职业体验为主要目标。学校与广州民航职业技术学院签订了合作协议，作为课程的主要校外实践基地，采取你来我往合作模式，使学生在职业劳动技能方面得到了丰富体验，表明以劳育人课程取得初步成效。2016 年 12 月，获得广州市重点立项的“六艺儒苑”课程是在“荔风儒韵”课程基础上发展而来的又一特色课程。“六艺儒苑”课程在劳动教育方面做了大幅提升，明确提出“精益求精，工匠精神”的目标。其中芳香类中草药种植、初级产品制作及“四模一电”等课程突出体现了对工匠精神价值的追求，重视跨学科特征的劳动实践，培养学生的劳动精神和品质。特色课程建设为劳动教育课程的设计与建构创立了科学范式，积累了丰富经验，奠定了坚实基础。

（二）劳动教育课程要素的逐级建构

1. 确立和合创生的劳动课程理念

课程实践中进一步创新与扩展了学校原有“和合”育人理念。“和合”有“和睦、调和、融洽、适中”等义。从孔子的“和而不同”主张，到社会主义核心价值观之一的“和谐”理念，和合思想在中华文化中一脉相承。“创生”的意思是指创造产生，生而成长。从系统科学观来看，“和合创生”就是将劳动教育当作要素间相互联系、相互作用和相互依存的有机整体，通过要素之间和合协调与有序组合，创生新的课程系统功能。因此，“和合创生”既是课程理念，也是课程建构的系统方法论。例如，在和合创生的课程育人建设中，把校园环境当作承载教育全属性意义的生命世界。教育活动常常会形成一定的物质形态被记录下来，这种体现教育精神和文化的物质载体就是校园景观，它铭记着师生的生活实践和共同体验，还蕴含着丰富的课程内涵。为了深化课程育人建设，在学校改建和扩建过程中，进行了前瞻性规划，开辟了校园种植园地，栽种了包括芳香类中草药在内的多种植物，植物群落布局合理，使学校成为百草园式生态文明学校。

2. 组织和合创生的课程资源建设

2016 年，广州市推动“粤美校园文化”系列评选活动，推进社会主义核心价值观融入校园文化建设，发挥学校文化传承创新功能，促进学校内涵发展。学校荣获“粤美校园微景观”一等奖。这是由孔子雕像、六艺浮雕、经典名句、书画长廊和芳香类植物群落经过科学合理的系统布局而构成的蕴含和合创生育人理念的校园景观。笔者并据此撰写了《六艺儒苑：赋予校园灵魂的文化景观及其功能重构》一文在《中小学德育》发表。2017 年 8 月，广州市教育局开展中医药文化进校园系列活动，目的是扎实推进中医药文化进校园、进课堂、进教材，普及中医药知识，弘扬优秀中医药文化。2017 年 10 月，本校被确定为此次活动首批 30 所试点学校之一，活动以中医药文化为切入点，邀请广州神农草堂中医药博物馆进行中医药基础知识培训，组织学生拓垦学校中草药园圃，种植较易生长、特征明显、与生活关系密切的芳香类中草药。此次活动为劳动教育课程构建奠定了资源基础。

3. 进行和合创生的课程项目选择

精心选择劳动项目。2020 年 7 月，教育部印发《大中小学劳动教育指导纲要（试行）》规定劳动项目“主要包括日常生活劳动、生产劳动和服务性劳动”三类。根据皮亚杰认知阶段性发展理论，普通高中学生认知水平已达形式运算阶段，思维已达逻辑推理水平，可对事物进行逻辑性判断和创造性反映。结合生产劳动具有综合运用知识技术、经历完整创造过程、强化规划设计意识和提高创意物化能力四大特点，笔者认为将生产劳动作为普通高中劳动教育的主要形式符合学生认知发展规律，于是统筹选择与日常生活联系密切的芳香类中草药产品制作作为学校的劳动项目。劳动教育是一个完整体系，课程虽然以生产劳动为主，但并未割裂与另外两类劳动的联系，因为生产劳动成果最终还得通过日常生活和服务性劳动满足人的各种生存发展需要。这样的选择也缘于自身资源条件：一是学校悠久的中医药文化积淀；二是融合传统文化的特色课程基础；三是依山傍水的中草药种植资源；四是拥有一批热衷中医药文化的劳动教育团队。

4. 进行和合创生的劳动产品设计

有了很好的劳动项目基础，但课程并不会因此一蹴而就，还必须进行关键性的项目产品设计，这是项目化劳动教育真正落地不可或缺的一环。而劳动教育涉及的领域非常广泛，远远超越单个传统学科甚至不同学科领域的边界，具有很强的“跨界融合”特征。在项目实施的过程中，开始进行项目产品的创新设计，主要运用聚合思维方法，以产品生产为目标，综合运用信息技术和数学思维等不同领域技能与知识进行跨界融合组织，产生具有创意性的产品设计方案，指导产品的生产劳动。希望基于项目进行融合创意，以产生大量有意义的劳动产品设计方案。

5. 实施和合创生的课程专题教学

项目产品设计完成后，产品生产的专题教学便成为落实劳动教育的关键环节。首先进行专题教学设计，引领教师制订教学方案，将产品设计方案转化为专题教学方案。因此，学校制定了包括产品名称、创意设计、任务分解、资源准备、任务实施到素养评价在内的“六环节”教学设计模板，进行专题教学探索。基于传统文化的生产劳动往往具有跨界性、综合性和复杂性等特点，这给产品生产的专题教学带来很大困难。在教学实践中不断寻找解决综合性和复杂性产品生产的教学方法，以保证生产劳动的完整性，使全体学生均衡参与劳动，充分展示个性特长。

6. 开展和合创生的教育效果评价

进行个性化选课指引，让学生选择自己感兴趣的课程类型。每类专题生产劳动课程每学期 20 课时，每课时 40 分钟，可获 1 学分。教学完成后，进行着眼于劳动素养发展的多元综合评价，关注学生劳动技能品质的结构化迁移，促进劳动价值体认。因此，学校制定了生产劳动结项报告表和综合评价表，并将评价结果归入学生综合素质评价档案（见表 5-1、表 5-2）。

表 5-1　增城区高级中学芳香类中草药产品制作生产劳动结项报告表

<table>
<tr><td>姓名</td><td></td><td>项目名称</td><td></td></tr>
<tr><td>组长签名</td><td></td><td>组员签名</td><td></td></tr>
<tr><td colspan="4">实现多学科的认知融合，深化体悟劳动创造成功生活的价值观。达到习近平总书记所期望的“要在学生中弘扬劳动精神，教育引导学生崇尚劳动、尊重劳动，懂得劳动最光荣、劳动最崇高、劳动最伟大、劳动最美丽的道理，长大后能够辛勤劳动、诚实劳动、创造性劳动”课程目标达成情况：</td></tr>
<tr><td colspan="4">芳香类中草药产品制作的主要成果及形式：产品___件（另附产品照片），产生劳动报告___份，调查报告___篇，研究小论文___篇，视频材料___份，其他：_____
本芳香类中草药产品的主要功能：
本人所做主要工作及完成任务情况：
本芳香类中草药产品用户使用体验及改进优化（或创新）：</td></tr>
<tr><td>自评等级：</td><td rowspan="2">采取等级制：优秀、良好、加油。
组长签名：</td><td colspan="2" rowspan="3">劳动产品制作学生成绩评价等级：

本劳动产品制作指导老师对该生学分认定为　　分（最高 1 分）

日期：　　　　年　　月　　日</td></tr>
<tr><td>小组评定等级：</td></tr>
<tr><td colspan="2">指导老师签名：

教导处盖章</td></tr>
</table>

表 5-2　增城区高级中学芳香类中草药产品制作生产劳动综合评价表

<table>
<tr><td>班级</td><td></td><td>姓名</td><td></td><td>生产劳动课程名称</td><td></td></tr>
<tr><td>生产劳动小组长签名</td><td></td><td>生产劳动小组成员签名</td><td colspan="3"></td></tr>
<tr><td colspan="2">生产劳动实践评价指标</td><td colspan="2">自我评价</td><td>小组长评价</td><td>教师评价</td></tr>
<tr><td colspan="2">生产劳动出勤情况</td><td colspan="2">出勤（ ）节
缺勤（ ）节</td><td>出勤（ ）节
缺勤（ ）节</td><td>出勤（ ）节
缺勤（ ）节</td></tr>
<tr><td colspan="2">小组分工负责工作</td><td colspan="2"></td><td></td><td></td></tr>
<tr><td colspan="2">掌握劳动工具使用</td><td colspan="2"></td><td></td><td></td></tr>
<tr><td colspan="2">劳动操作淬炼程度</td><td colspan="2"></td><td></td><td></td></tr>
<tr><td colspan="2">出力流汗劳动次数</td><td colspan="2"></td><td></td><td></td></tr>
<tr><td colspan="2">生产劳动有始有终</td><td colspan="2"></td><td></td><td></td></tr>
<tr><td colspan="2">生成劳动产品件数</td><td colspan="2"></td><td></td><td></td></tr>
<tr><td colspan="3">学生自评等级：
小组评定等级：
综合评定等级：
注意：采用“优秀、良好、加油”的等级制。</td><td colspan="3">完成本门生产劳动课程，可获 1 学分。
指导老师签名确认：
日期：

教导处盖章</td></tr>
</table>

7. 进行和合创生的项目系统整合

围绕国家劳动教育目标，运用系统论方法整合课程系统。将连续化、系列性的劳动项目选择、产品创意设计、专题教学实践诸要素之间进行系统整合，形成整体化、系统性的劳动教育课程体系，培育学生劳动技能、劳动价值观和劳动素养。经过系统整合形成“芳香类中草药产品生产劳动课程”，努力使之成为一个体系完整、内容充实、项目稳定、实施有效的普通高中生产劳动课程体系。目前，芳香类中草药产品生产劳动课程已经形成包括工业、农业和手工生产3个系列、10类专题和40多种创意产品。课程内容丰富，形式多样，尊重学生多样化、自主性的选择需求，既能满足生活和审美方面的现实需要，又能提升生活品质。

第二节　和合创生劳动课程的深化与提升

一、生产劳动课程的深化与提升

（一）和合创生课程体系的深化

1. 科研课题研究的带动

经过多年的项目化教学实践，随着新课程新教材的实施，从 2018 年 10 月开始，课程进入新的深化与推广阶段。以教育科研带动课程实践深化与理论提升，承担全国教育信息技术研究 2018 年度专项课题“薄弱高中实施 STEM 课程个性化模式研究”，创造性地率先将 STEM 理念引入劳动教育项目的跨界融通创意设计，提出信息技术支持下 STEM 劳动产品创意设计方法，指导生产劳动。2020 年度承担省教育科学“十三五”规划课题“普通高中学科融合项目化劳动教育研究与实践”也取得了丰硕成果，发表论文《新时代高中劳动教育校本项目化学习实践与探索》《基于学科融合的普通高中劳动教育探索》《普通高中劳动教育的项目化：建构机制与实施策略》等。

2. 课程深化产生的效应

通过课题对普通高中劳动教育的项目化构建机制与实施策略进行了系统深入的研究与实践，取得了显著的理论提升与实践创新成果。例如，将布艺和捶草拓画等传统技艺进行跨界融合，生产时尚实用的艾绒坐垫等保健产品；将李子柒网络节目转化成学生喜闻乐见的生产劳动项目，尝试打破不同领域之间的“次元壁”，真正实现产品创意设计。对劳动产品跨界融合创意设计和专题教学并行协同模式内部机制等方面所进行的研究获得了实质性突破。信息技术支持的 STEM 劳动产品创意设计与实施成果于 2019 年 12 月参加中国教育信息化产业技术创新战略联盟、粤港澳大湾区 STEM 教育联盟主办的第一届中小学（含中职）优秀教学案例评选中荣获三等奖。

（二）和合创生课程功能的提升

1. 课程内容的系统综合

对生产劳动课程建设成果进行系统总结、推广与检验。近两年来出版的劳动教育专著有《普通高中劳动教育项目化实施策略的设计与建构》（中国地图出版社）、《芳香类中草药产品制作生产劳动课程》（中国言实出版社）等，《广州市增城区普通高中项目化劳动教育实践报告》入选广州教育蓝皮书《广州教育发展报告（2019—2020）》。这些专著和报告就劳动教育课程建构与实施的系列化结构性问题进行了系统梳理、深入研究与实践探索：进行了普通高中劳动教育实施路径与策略的探索；论证了劳动教育项目选择的科学基础；探究了劳动项目产品创意设计原理与方法；研发了劳动产品生产的专题教学实施模式等。生产劳动课程建设成果的出版和发表，为区域和国内普通高中生产劳动教育课程建设提供了参照模式。

2. 成果交流中检验提升

为了进行严格的实践检验并积极推广成果，生产劳动课程建设相关成果参加省、市级劳动教育专题研讨交流10余次，并于2019年6月和2020年10月两次在送教帮扶活动中进行省际展示交流。贵州省百里杜鹃管理区第二中学是本校的结对帮扶对象，生产劳动课程建设成果帮助该校根据实际情况设计构建了自己的项目化劳动教育课程，受到贵州省诸多高中的重视与好评。本成果还因生产劳动鲜明的时代特征受到社会广泛关注，被广东电视台、广州电视台、《羊城晚报》等多家媒体专题报道，引起社会热烈反响。由于生产劳动课程建设成果的系统性和实证性，产生了辐射效应。同时，本校展开了成果的国际交流合作。例如，为了促进在穗外籍人员子女学校与学校的互学互鉴，2021年5月6日增城誉德莱国际学校的校长Sebastien Pelletier率领师生前来本校，学习“芳香类中草药系列产品制作与服务”劳动展示课，共同交流优秀经验，促进成果的检验与推广。2021年5月11日，广州市教育局在本校举行“广州市中小学推进劳动教育劳动周”启动仪式，活动主题为“快乐劳动，幸福成长”。在启动仪式上，用3个展台向广州市兄弟学校师生展示了本校的生产劳动教育课程成果。

二、生产劳动课程建构的主要创新

（一）“因地制宜”的劳动项目选择创新

“因地制宜”原意是根据土地实际情况栽植适宜的树木，作物的种植要合乎天时地利。而“因地制宜”的项目选择成果指不同学校可以根据自己的实际情况，因地制宜选择劳动类型和项目，探索适合学校实际情况的劳动教育项目化路径，不搞一刀切和一面倒。本校在实践的基础上经过周密论证，充分利用所在地理区位与中草药种植资源条件，融合中医药“未病先治”和“内病外治”理念，开辟芳香类中草药种植园，选择传承中华优秀文化，体现中医中药理念，融入时尚造型元素，将天然性、功能性、审美性和接受性统筹兼顾、协调一致的芳香类中草药产品生产作为劳动教育项目，进行建构主义劳动实践，为学生提供真实的劳动情境平台，为学校劳动教育探索了一条因地制宜的项目建设之路，也是国家课程校本化实施的重要路径。

（二）“跨界融通”的劳动产品设计创新

结构良好的项目产品创意设计是劳动课程实施的蓝图。生产劳动课程建设成果在产品创意设计这一关键环节上取得了重要突破，主要采用了“跨界融通”策略。即运用聚合思维方法，通过跨界融通将各领域、各学科知识技能相融合，打破原有界限，聚焦于产品设计，产生结构化创意方案。生产劳动课程建设成果经过探索与实践开发出包含“劳动项目→知识技能→跨界融通→结构创新→劳动方案”在内的“五维度”创意设计模板，运用先进的科学方法、数学思维与信息技术进行产品创意设计，用于指导产品的生产劳动。跨界融通的产品创意实现了课内外劳动项目的科学设计，激发了学生劳动的内在需求和动力。这里以“桂花贯叶连翘益智面霜”产品的跨界融通创意设计为例，具体展示创意设计的内在运行规律（见表 5–3）。

表 5–3 “桂花贯叶连翘益智面霜”产品“五维度”跨界融通创意设计

劳动项目	桂花贯叶连翘益知面霜产品生产
知识技能	物质分子极性；液体表面张力；中草药芳香油分子结构与性质；大脑中乙酰胆碱（ACH）的生理作用等
跨界融通	通过不同领域知识的广泛交叉融合，总结形成“极性相似者相溶”规律。这便是芳香油萃取、中草药产品生产的原理
结构创新	我们知道油水不溶。但谁能使油和水互溶呢？必须找到一种缩小水油之间表面张力差的神奇物质，就是乳化剂
劳动方案	按比例将乳化剂加入水相或油相，将油水混合、搅拌形成乳白色霜状体。桂花贯叶连翘益智面霜产品的劳动生产方案由此形成

（三）“并行协同”的劳动教学模式创新

从生产劳动本质入手，依据教学实践，运用合作学习和最近发展区理论，构建生产劳动并行协同式专题教学模式。首先对产品设计方案进行科学、合理的并行化分解，形成功能相对独立的并行任务，然后将任务分配给各并行功能小组执行，并行任务内部工作流程则是纵向串行的。并行任务完成之后即进行横向的协同综合组装产品。因而教学模式整体上包括产品设计、并行分解、工作流程、协同综合 4 个层次（见图 5–2）。由于并行协同的生产劳动要求学生在课时内完成任务，能够让全体学生满负荷劳动，从而达到均衡劳动的目的。实践表明，并行协同式专题教学可以使项目整体性与任务独立性兼顾呈现，课堂教学与劳动实践多线展开，知识技能与劳动价值多维发展（见图 5–3）。

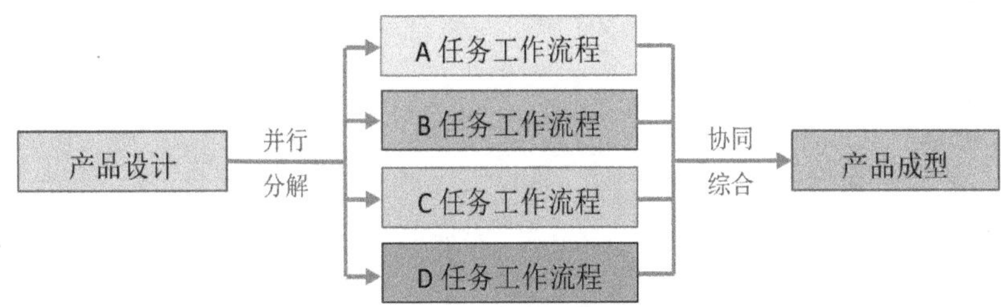

图 5–2　生产劳动“并行协同”专题教学模式

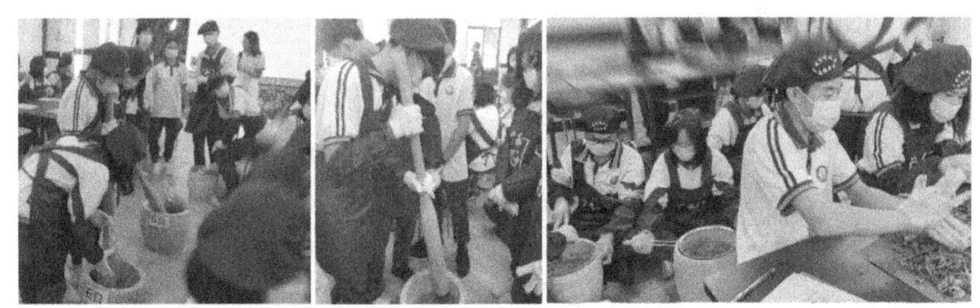

图 5–3　艾绒产品生产中的并行协同劳动场景

（四）“和合创生”的劳动课程建构创新

这是综合性课程成果。针对劳动教育总体目标，通过和合创生实践，运用系统综合科学方法，构建了融合传统文化和具有时代特征的项目化劳动教育课程——芳香类中草药产品生产劳动课程。课程以和而不同的项目选择为根，启动生产劳动教育课程的树状生成；以跨界融通的产品设计为干，进行生产劳动产品的创意设计；以并行协同的专题教学为枝，进行生产劳动产品设计的教学实施；以劳动素养目标的达成为果，经过系统综合形成“芳香类中草药系统产品”生产劳动教育课程体系。系统性地引导学生经历农业生产、手工业加工、工业生产等多元化劳动过程，树立劳动观念，培养劳动精神，发展劳动能力，达成劳动目标。从而形成“和合创生”生产劳动课程的成果系统（见图 5–4）。

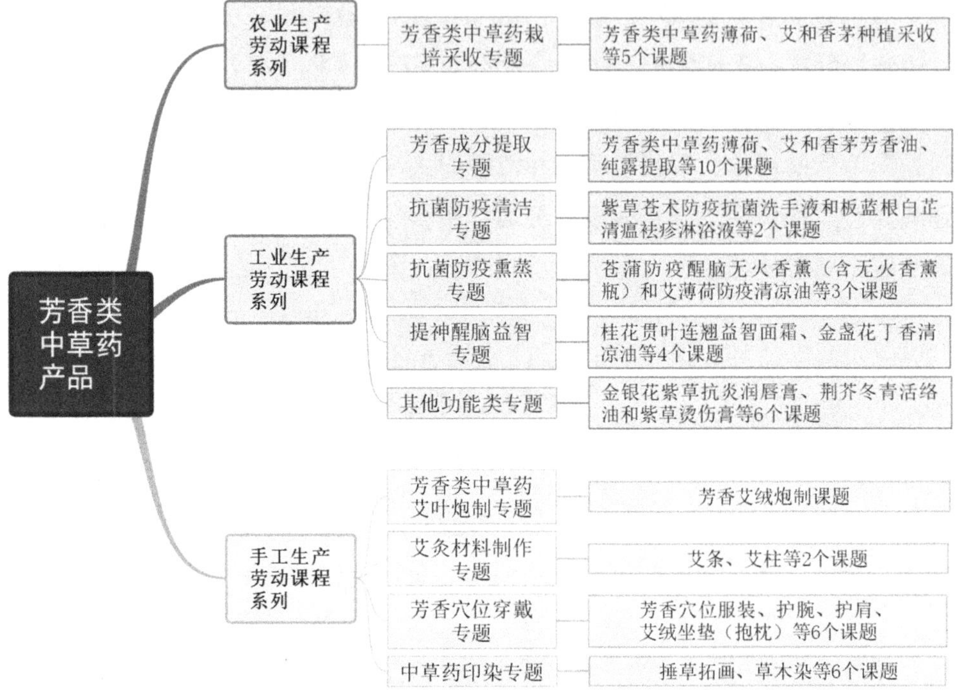

图 5–4 “芳香类中草药产品”生产劳动课程体系结构示意图

第三节　和合创生劳动课程的实践与推广

一、生产劳动课程成果的系统框架

从课程的系统组成要素的角度，“和合创生：普通高中生产劳动教育课程的设计与建构”可以归纳为4个策略及其对应的16项具体成果：一是因地制宜的项目选择策略，即学校根据自己的实际情况选择适合学生需要的劳动类型和项目。二是跨界融通的产品设计策略，即对选择的劳动项目进行产品生产方案的创意设计。三是并行协同的专题教学策略，即实施项目的创意设计方案，让学生经历完整的生产劳动过程。四是系统综合的课程建构策略，即通过项目的选择、设计与专题教学，达成劳动素养课程目标。并归纳为一个成果系统（见图5-5）。劳动教育“学科融合”系列作品的公开发表和课题立项进一步体现普通高中“新课程新教材”强调的课程内容“关联性”原则的要求。

二、生产劳动课程成果的实践效果

（一）在和合创生中弘扬劳动精神

通过劳动课程的系统构建与教学，实践了习近平总书记在全国教育大会上的重要讲话精神：“要在学生中弘扬劳动精神，教育引导学生崇尚劳动、尊重劳动，懂得劳动最光荣、劳动最崇高、劳动最伟大、劳动最美丽的道理，长大后能够辛勤劳动、诚实劳动、创造性劳动。”例如，当学生们尝试了亲手生产制作的艾纯露浴液后，效果立竿见影，学生们真切感受到挥汗如雨的生产劳动创造的价值。又如，捶草拓画艾绒布艺产品只是众多劳动专题之一，它的生产不仅发挥了传承和弘扬中华优秀传统文化的作用，还走进社区，把产品送给需要的人。从而实现了生产劳动与生活劳动和服务性劳动的融合，培育了学生劳动精神。

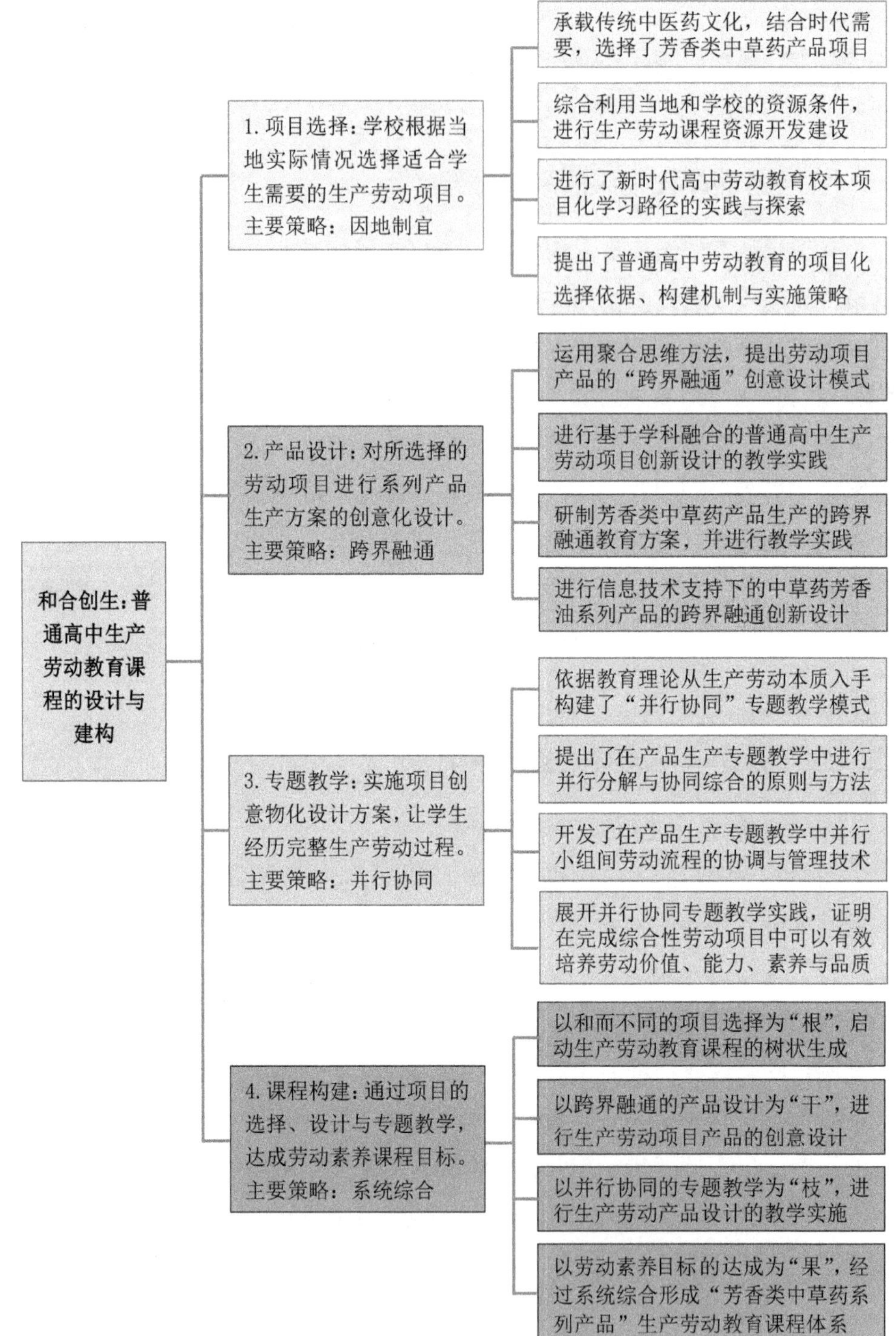

图 5-5 “和合创生：普通高中生产劳动教育课程的设计与建构”成果系统

（二）在项目实践中构建劳动价值

生产劳动课程成果（以下简称“课程成果”）实践了教育部《大中小学劳动教育指导纲要（试行）》（以下简称《纲要》）“围绕劳动能力的培养，让学生完成真实、综合任务，经历完整劳动过程。注重劳动价值体认，引导学生从现实生活中发现需求，选择和确定劳动项目”的要求，结合高中学生认知发展特点，实践劳动教育的项目化，为劳动教育提供情境化和体验性实践平台。为学生提供了完整劳动过程，在构建劳动价值方面产生了显著效益。例如，林文思小组的劳动项目实践活动“中草药芳香油系列功能性日化用品的设计与生产”荣获广东省教育厅主办的“广东省中小学科技劳动教育实践活动”一等奖。他们的创意作品曾多次获评省市优秀成果奖，并参加了由省教育厅主办的劳动教育成果现场展示活动。

（三）在产品设计中培养劳动技能

课程成果对《纲要》“强化规划设计意识，充分发挥学生的主动性、积极性、创造性，引导学生对项目实践进行整体构思，综合运用所学知识、技术，不断优化行动方案。”进行了系统探索与实践。首先，运用系统综合方法，运用跨界融合方法进行劳动项目内涵创新，实现了产品结构化创新与生产性创意，提升了劳动项目的创新性与科技含量。其次，通过产品设计培养学生的劳动技能。例如，学生的产品设计优秀案例《芳香类中草药“抗疫情”系列产品的设计与制作》被广东省教育研究院评为广东省中小学项目式学习“优秀案例”一等奖。笔者的产品创意课例还被用于广州市中小学综合实践活动学科区教研员业务培训。

（四）在专题教学中培育劳动素养

课程成果遵循《纲要》“整体规划劳动教育。学校是劳动教育的实施主体，应根据国家相关规定，结合当地和本校实际情况，对劳动教育进行整体设计、系统规划，形成劳动教育总体实施方案。方案要明确劳动教育目标内容、课时安排、主要劳动实践活动安排、劳动教育过程组织与指导及考核评价办法等”要求，进行了系统的课程构建，围绕劳动教育总体目标，对学校劳动教育项目进行有目的、有计划、有组织的整体性和体系化整合，打开劳动教育的科学化、常态化和长效化实施路径，系统性地培育学生劳动素养。

本校的专题教学成果“基于芳香类中草药项目的STEM教育方案与教学实践”于2020年5月被广东省教研院评为优秀教育方案。

（五）在课程实施中促进学校发展

课程成果为普通高中构建劳动教育课程体系提供了很好的参照模板。芳香类中草药产品生产劳动课程已经在广州市中学生劳动技术学校等多所高中学校得到积极的评价与应用。2022年10月，“芳香类中草药产品制作劳动教育项目实践”荣获广州市劳动教育项目成果活动一等奖。充满创新元素的劳动课程实践产生了独特的育人功能，促进了学校教育质量的提升，催生人才培养的低进优出。2019年，本校获评广州市示范性普通高中学校、广东省中小学艺术教育特色学校。近4年来本校高考上高优线和本科线人数均大幅提升。生产劳动还促进了学生体质改善，2019年增城区高中学段体质抽测，本校在增城区13所高中（中职）学校中总平均分排名第一。

（六）课程成果辐射产生的社会效益

生产劳动课程的创意劳动作品多次参加各种交流展示活动。例如，2020年参加广东省教育厅举办的“中小学劳动教育”和“大湾区、爱国情”劳动教育创意作品现场展示交流活动，吸引了参观者目光，引起多家单位注意。展示活动上，参观者在试用产品后纷纷点赞，数百份产品很快被争相带走。因生产劳动鲜明的时代特征受到社会关注，广东电视台分别于2020年4月1日少儿频道晚7点半“劳动——致奔腾的青春”和2020年12月3日7点广东新闻播报中两次报道了本校的劳动教育，同时“广东教育”公众号、广州电视台、《羊城晚报》、《增城日报》和增城电视台等多家媒体也专题报道过本校的劳动教育，引起社会热烈反响。

三、生产劳动课程体系的发展方向

“和合创生”生产劳动课程建设中仍存在不少困难和问题。比如，在项目设计中跨学科知识融合机制还有待进一步完善；还存在劳动教育专业化组织能力欠缺、科学有效激励机制不足等问题，都需要进一步探索与解决。

今后，将在继续完善现行劳动教育课程的基础上，从目前的生产劳动课程体系扩展为包含生活劳动和服务性劳动的全方位劳动教育课程体系，从学校劳动教育课程体系发展为学校劳动教育模式，并为教课程新教教材的深入实施注入新的活力！

第六章　教育案例

芳香类中草药产品艾绒的制作

一、劳动主题的生成

本课例利用学校所处地理区位与自然资源条件，开辟了芳香类中草药艾草种植园，筛选出芳香中草药艾叶炮制—艾绒制作作为一个融合传统文化的劳动项目。通过项目化生产劳动促进课程资源的充分开发利用，提高学生的劳动热情与兴趣，积极解决《关于全面加强新时代大中小学劳动教育的意见》所提出的根据学校实际，挖掘可利用资源，采取多种方式开展劳动教育的问题。本活动使学生在劳动知识、技能、成果与价值四个方面得到体验和成长，因此爱劳动、会劳动就成为课程实施顺理成章的效果。

二、劳动目标与任务

（一）劳动目标的制定

1. 认知性目标

2021 年 1 月，教育部制定并印发《中华优秀传统文化进中小学课程教材指南》。本课例通过传统医药等反映中华优秀传统文化的载体，充分发挥中小学课程教材承载的中华优秀传统文化教育功能。本课例的艾绒制作课程使用传统石臼和木杵作为劳动工具，其中精品艾绒要经过万次杵捣。通过中华优秀传统文化艾叶炮制活动，让学生养成吃苦耐劳、精益求精的品质。中医药文化博大精深，但由于各种原因，现如今传统中药炮制技术面临衰退甚至濒临失传的局面，因此中医药文化传承也是本课例的重要认知目标。

2. 参与性目标

将项目任务分解成初次挑拣除去艾叶枝梗、艾叶在石臼中杵捣、杵物筛除并挑拣出杂质等多个劳动步骤，分组协同进行。将本课例总结为“并行协同的项目教学实施”，可作为普通高中劳动教育项目实施的有效参照模式。本课例的另外一大特征就是整体性与独立性兼顾呈现，课堂教学、劳动实践与活动课程多线开展，劳动知识、劳动技能与劳动价值多维发展。

3. 体验性目标

项目的完整实施是落实劳动教育的关键性实践环节。在项目方案实施的实践探索中，逐步形成项目的“并行协同”实施模式。为了解决大型和复杂劳动项目方案实施中的课时和场地有限性矛盾问题，所以采用了并行协同教学组织策略。“并行”一词来自计算机科学，指同一时刻做多件事情。“并行协同”就是在同一项目劳动中同时执行两个或多个相互协同的劳动步骤。为进行并行协同劳动，首先要对项目任务进行合理的并行化分解，将任务中相互联系的各部分均衡分解到不同劳动小组进行。课程与课程之间既构成完整的逻辑线条，又可以独立开展、一枝独秀。

（二）劳动任务的确定

掌握艾绒制作的劳动技能。第一，通过学习了解艾绒制作的原理：经过陈放的艾叶，水分脱尽，叶片组织失去韧性，变得非常脆，而艾叶脉纤维仍具有很好的韧性。对艾叶进行打碎处理，将粉末、枝梗等尽量去除获取的叶脉纤维即为艾绒。利用艾叶的这种特性，可以设计改用机械代替手工，实现智创劳动。第二，反复练习掌握艾绒制作的基本操作：将搓拣后的艾叶放入石臼中，用手均匀铺开，捶捣时左手右手交换握木杵。每捶捣 200 下暂停，用手在石臼里翻松艾绒。严守规则，避免主观随意。艾绒制作流程图，如图 6-1 所示。

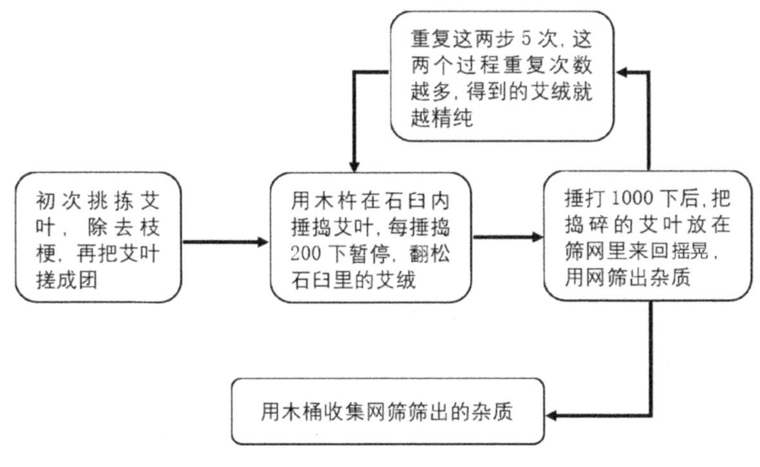

图 6-1 艾绒制作流程图

三、跨界融通创意设计

劳动教育内容非常广泛，远远超越传统学科甚至不同领域的边界，具有很强的跨界融通特征。即将不同行业专业、学科领域的知识与技能通过相互渗透、协同交融、互补共生，从而创造出新型的结构。以产品生产为目标，运用聚合思维方法，综合运用不同领域技能与知识进行跨界融通组织，产生具有创意性的设计方案，指导产品的生产劳动。

表 6-1　艾绒产品生产的跨界融通“五维度”创意设计

劳动项目	艾绒的制作
知识技能	艾草属于多年生草本植物。仔细观察，艾叶的背面有一层细小的白色绒毛，这就是艾绒；除此之外，当撕开一片艾叶，会发现在撕裂处也有一些很细小的白色毛状物，这些都是艾绒。艾灸时主要依靠的是艾绒，艾绒是由艾草提取出来的，而艾绒又是制作一系列艾绒产品的原材料。艾绒质量的好坏，直接决定了艾绒产品质量的高低
跨界融通	艾绒的好坏直接决定相关产品的质量高低，因此对艾草的选择有一定的要求，应选用陈放年数长一些的艾草，才可以制作纯度高一些的艾绒。艾绒本质上是一类植物纤维，主要成分是纤维素、半纤维素和木质素等，但这些物质都是天然材料，具有特殊的、人工合成纤维所没有的物理、化学和生物学性质。本课例认为艾绒实际上是一类功能化的天然纤维素材料，具有复杂而神奇的化学结构、机械性能、药理活性和生理活性等。传统中医学中的艾灸疗法，就是以艾绒为基本原料，认为艾绒中保留了艾叶的功效，具有温经散寒、活血通络、止血止痛等作用
结构创新	为了更好地保留艾绒中的各种天然纤维素的物理性能、化学结构、药学性能与生理活性，应该在常温条件下进行温和的操作。例如，使用木杵和木钵等工具，使艾绒与其他非纤维和粗纤维成分相互分离
劳动方案	为了提高效率，劳动中应该使用木杵，把艾草放在石臼中反复地捶打，这样艾叶上的梗子等成分就会脱离，而艾绒则成团状，用筛网去除梗子等杂质，剩余的就是艾绒。捶打与筛分的次数越多，留下的艾绒就越纯净，同时药理与生理活性也能够很好地保留下来

四、资源与工具准备

（一）艾绒制作的相关文献依据

1. 中药炮制

中药必须经过炮制之后才能入药，是中医用药的特点之一。《辞海》炮制的释义为:“中药药材的加工方法。将药材经过修治后，再进行火制、水制或水火共制等加工处理。火制有煅、炮、炙、炒等法，大都用酒、醋、蜜或姜汁等同制;水制有渍、泡、洗等法;水火共制有蒸、煮等法。目的是加强药物效用，减除毒性和副作用，便于药物储藏以免变质，改变药物的性能和便于服用等。”东汉末张仲景的《金匮玉函经》已有“方药炮制”方法。

2. 艾绒制作原理

根据《中国植物志》第 76（2）卷:“艾，菊科，蒿属。叶厚纸质，上面被灰白色短柔毛，并有白色腺点与小凹点，背面密被灰白色蛛丝状密绒毛;叶揉之常成棉絮状;艾叶晒干捣碎得‘艾绒’。”植物的叶一般由叶片、叶柄和托叶三部分组成。叶片由表皮、叶肉和叶脉组成。艾叶采摘后晾晒风干，再经过陈放，水分脱尽，叶片组织失去韧性，变得非常脆，而叶脉纤维仍具有很好的韧性。而且现代研究发现，艾是地球上叶子脉络最均匀的植物。利用艾叶的这种特性，对艾叶进行打碎处理，将粉末、枝梗等尽量去除获取的叶脉纤维即为艾绒。艾叶碾（捣）碎后过筛，筛去和挑拣出制艾绒所不需要的杂质。

3. 艾绒是传统的灸疗材料

在历史上，几乎所有发热的材料人类都曾尝试用于灸法治病健身中，古代记载的有硫黄、黄蜡、麻叶、桑枝、桃枝、灯芯草、线香等材料。近现代出现了电热灸、红外灸等灸法。但经过长时间的实践，艾灸具有其他灸法不能替代的独特优势。艾绒燃烧所放出的热是其他发热的物质所无法比拟的。艾绒在燃烧时能产生特殊的短红外线，不仅能够激活细胞的免疫激活素，而且还能大大提高免疫力。同时，艾绒燃烧所释放的温和热力及其所含有的药物作用，都优于红外线治疗仪等，因此灸疗多以艾绒为原料。

4. 艾叶炮制

（1）艾叶采摘时间

传统制绒对艾的采摘时间要求是每年端午节期间，采摘下来的鲜艾不可以暴晒，稍微翻晾散去水分之后，就要收入通风的房间保存起来，以阴干为主。存放时间并不是越长越好，时间太久，艾叶当中的有效成分会慢慢挥发，影响灸疗的效果，存放 3 ～ 5 年的陈艾灸疗效果最好。

（2）艾由于多用其叶，古人早就对艾叶的加工有所记载，我国较早就有关于艾叶炮制的记载，艾叶的炮制方法有微炒、炒焦、炒炭、醋制、制艾绒等数种。《新编中药炮制法》认为：“艾叶中主要含有挥发油，油中主要成分为桉油酚、侧柏酮等，侧柏酮为神经性毒物。”根据需求的不同，艾叶的炮制方法也有所不同，但最终目的都是提高治病的疗效。

（3）制灸法用艾绒

为陈艾叶碾成绒状制成的艾条或艾炷。黄金绒颜色较纯正，多呈土黄色，也是灸法所用的主要材料。灸法为中医中的重要治疗手段。艾灸治疗疾病的作用机理主要涉及其药物效应、温度效应和光辐射效应三方面的因素。艾灸的药物效应和温热效应既作用于局部皮肤及经络腧穴，又可通过呼吸道或温度感受器产生全身调节效应。《孟子·离娄篇》中说：“七年之病，求三年之艾”，民间也有“家有三年艾，郎中不用来”的谚语，《本草纲目》有“凡用艾叶，须用陈久者，治令细软，谓之熟艾。若生艾灸火，则伤人肌脉。”存放 3 ～ 5 年的陈艾，艾里面的叶绿素转化成叶黄素，艾里面的一些醛类等刺激成分会醇化和酯化，并转化成醇类或者是酯类，因此燃烧时没那么刺鼻，味道更醇厚、更香。陈艾绒的挥发油与总黄酮含量水平较低。而近些年对于艾灸光辐射的研究表明，新艾灸产生的红外光谱叫远红外，3 ～ 5 年陈艾灸产生的红外光谱叫近红外，近红外光谱更接近人的皮肤的红外光谱，近红外光效应可渗透到表皮下的经络并沿其传输，产生深层次和远程的光热刺激，大大补充了艾灸疗法的范围，使之立体化。

（4）制护具用艾绒

新艾（青艾）绒，也就是陈放时间不足一年的艾草提取的艾绒。新艾绒颜色为青绿色、青黑色，有时带灰绿色，味道浓烈，挥发油与总黄酮含量较高，适用于制作人们日常生活中的保健用品，如枕头、坐垫、鞋垫、艾绒衣物以及各种护具。

（二）艾绒制作的工具与材料

（1）艾绒制作劳动工具：石臼、木杵、30 厘米 ×28 厘米木桶、径宽 30 厘米不锈钢长柄宽耳 28 目筛网（见图 6–2）、硬纸皮、塑料盘、电子秤、自封袋、口罩、防尘帽、工作服围裙、棉手套、一次性手套等。

图 6-2 石臼、木杵、木桶、筛网

①石臼：石臼以倒圆锥形的好用，平底的不好用。石臼极大，比冲钵大很多，一次能捣较多艾叶。石材易得，坚固耐击打，不生锈，不怕雨水淋湿。

②木杵：木杵，像棒球棍，选杂木，质地硬，前端要做成与石臼底吻合的形状，一般都成锥形，轻重、长短、粗细都要考虑。捣量，也就是捣多少下就能成功的问题。每次加工艾叶越少越好捣制，5∶3 粗绒，捣 8000 下；5∶1 细绒，约 16000 下。

③筛网：网眼大，全漏下去；网眼小，杂质下不去。藺云桂《针法灸法图解》：25 目左右的筛。目数，即孔数，也就是每平方厘米面积内的目孔数。目数越大，孔径越小。本课例使用的 28 目筛网的孔径为 600 微米，艾绒的炮制筛网目数可选 20 ～ 40 目。筛网目数与孔径对照如表 6-2 所示。

表 6-2 筛网目数与孔径对照

筛网目数	20	24	28	30	32	35	40
孔径（微米）	830	700	600	550	500	425	380

（2）艾绒制作原材料：

①青艾（新艾）绒：陈放时间不足一年的艾草提取的艾绒，颜色为青绿色、青黑色，味道浓烈。

②金艾（陈艾）绒：经过 3 ～ 5 年存储后，艾草逐渐由青绿变黄，即为陈艾，陈艾提取的艾绒颜色较纯正，多呈土黄色。

五、劳动任务的实施

（一）艾绒制作工艺过程

1. 基本操作

第一步，戴上一次性手套，把硬纸皮上的艾叶进行初次挑拣除去艾叶枝梗，尽量将艾叶中的茎弄出来放在塑料盘上。第二步，初次挑拣完枝梗后，再把艾叶搓成团，这样有两点好处，第一艾叶搓成团后体积变小更易于放在石臼内，第二搓揉后再进行第二次挑拣枝梗更方便。第三步，将搓拣后的艾叶放入石臼中，先用手均匀铺开，这样更方便捶打。捣制时会产生灰尘，需要戴口罩、防尘帽，穿上工作服围裙；杵捣艾叶时手容易磨出泡，需要戴棉手套，捶捣的时候，需用点劲，左右手交换握木杵。在石臼内捶捣 20 分钟，接近 1000 下捶捣。每捶捣 200 下暂停，要用戴上一次性手套的手在石臼里翻松艾绒。第四步，初次捶捣 20 分钟后，也就是捶打 1000 下，就要把捣碎的艾叶放在筛网里来回摇晃，用网筛出杂质，在木桶上进行筛选，艾粉就掉落在木桶里。这时的枝梗没有初次的多，并且枝梗要小得多，挑拣时最需要细心和耐心，筛出来的是被捶碎的细枝梗和非艾绒杂物。把艾叶放在石臼中反复地捶打，促使艾叶梗子和艾绒脱离，艾绒一般成团状，用筛网筛去杂梗和泥沙（见图 6–3）。

图 6–3　在石臼中杵捣艾叶及用网筛出杂质

2. 精制操作

重复第三、第四步，这个过程重复次数越多，得到的艾绒就越精纯。因为经过几轮杵捣和筛选后，石臼内留存的艾绒会越来越少，这样更方便捶打，随着枝梗、叶片灰粉杂物的挑筛去除，艾绒纯度越来越高，一捶就会成饼。艾绒的制作劳动实践数据如表 6–3 所示。

表 6–3　艾绒的制作劳动实践数据

制作人数	艾叶重量	初次挑拣除去艾叶枝梗时长	木杵在石臼中杵捣艾叶		杵捣过程在石臼翻松杵物		杵物筛除并挑拣出杂质		艾绒重量
			累计次数	每次时长	累计次数	每次时间间隔	累计次数	每次时长	
3 人	250 克	10 分钟	4 次	20 分钟	16 次	4 分钟	4 次	10 分钟	83 克

（二）艾粉的应用

经过基本操作和精制操作分离出来的艾粉也有许多用途。例如，在家禽家畜的饲料中加入适量艾粉如图 6–4 所示，可以达到预防疾病、增强体质、促进生长发育的效果。艾粉燃烧产生的艾烟具有消毒杀菌的作用。艾粉可以泡脚，还可以有效地治疗口腔溃疡、牙龈炎、中耳炎等疾病。

图 6–4　艾粉

六、劳动效果的评价

（一）劳动产品的质量评价

根据艾绒质量标准对产品进行科学的质量评价。根据加工程度的不同，粗者多用于温针（是在应用针法的同时加以温热刺激的一种疗法）或制作艾条，细者多用于制作艾炷。质优艾绒是成团成簇，用手摸非常柔软，感觉不到有杆梗刺手，如图 6–5 所示。评价艾绒质量高低的一个重要指标就是艾绒的比例，例如艾绒比例 10∶1，是指 10 千克艾叶提取 1 千克艾绒。比例越高的陈艾绒，燃烧时烟越轻和，火力越温和，穿透力越好，不伤经络，并且燃烧时艾灰不容易掉落，没有掉落的火星。而比例越低的艾绒里含有的杂质、茎秆颗粒越多，燃烧时烟越大，火力越燥烈，穿透力也越差，燃烧时会产生爆燃，火星和艾灰会四处掉落，容易烫伤人。

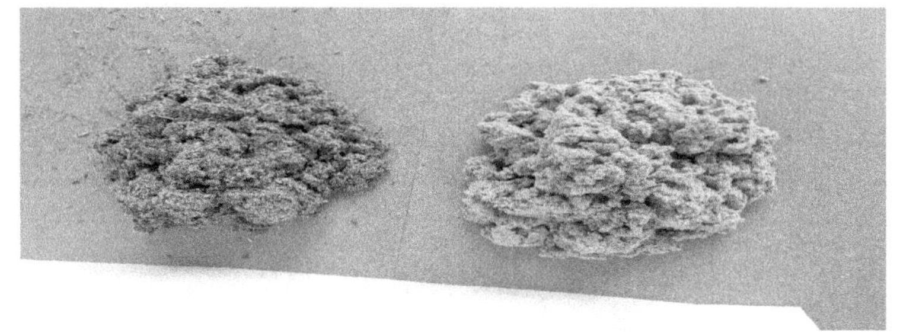

图 6–5　左图为粗制新艾绒　右图为精品陈艾绒

（二）生产劳动的参与度评价

完成制作后，清洗整理劳动工具，并把劳动工具和剩余的原材料存放回储存柜内，使劳动项目参与有始有终。艾绒制作生产劳动课程见图 6–6。

图 6–6　“芳香中草药艾叶炮制—艾绒制作”生产劳动课程案例

（三）学生个体的综合评价

根据本课例生产劳动制作的教育目标和教育内容要求，纳入了学生综合素质评价体系，以素质评价促进劳动价值体认。学段结束时，结合学生劳动观念、实践能力、精神品质和劳动习惯等具体表现，对学生劳动素养发展状况进行综合评定，并将评价归入学生综合素质评价档案材料中，如表 6–2 所示。

表 6–2　芳香类中草药产品制作生产劳动综合评价

<table>
<tr><td>班级</td><td></td><td>姓名</td><td></td><td>生产劳动课程名称</td><td></td></tr>
<tr><td>生产劳动小组长签名</td><td></td><td>生产劳动小组成员签名</td><td colspan="3"></td></tr>
<tr><td colspan="3">生产劳动实践评价指标</td><td>自我评价</td><td>小组长评价</td><td>教师评价</td></tr>
<tr><td colspan="3">生产劳动出勤情况</td><td>出勤（ ）节
缺勤（ ）节</td><td>出勤（ ）节
缺勤（ ）节</td><td>出勤（ ）节
缺勤（ ）节</td></tr>
<tr><td colspan="3">小组分工负责工作</td><td></td><td></td><td></td></tr>
<tr><td colspan="3">掌握劳动工具使用</td><td></td><td></td><td></td></tr>
<tr><td colspan="3">劳动操作淬炼程度</td><td></td><td></td><td></td></tr>
<tr><td colspan="3">出力流汗劳动次数</td><td></td><td></td><td></td></tr>
<tr><td colspan="3">生产劳动有始有终</td><td></td><td></td><td></td></tr>
<tr><td colspan="3">生成劳动产品件数</td><td></td><td></td><td></td></tr>
<tr><td colspan="3">学生自评等级：
小组评定等级：
综合评定等级：
注意：采用“优秀、良好、加油”的等级制。</td><td colspan="3">完成本门生产劳动课程，可获 1 学分。
指导老师签名确认：
日期：
教导处盖章</td></tr>
</table>

（四）课后反思与深化探究

通过参与“芳香类中草药产品艾绒的制作”劳动项目，怎样体现智创劳动？思考可以使用哪些机器来代替人工操作？一般家庭厨房用的电动粉碎机可以吗？为什么？

芳香类中草药产品艾绒坐垫的制作

一、劳动主题的生成

清代名医吴尚先在《理瀹骈文》里说：“若内服药不能达到或恐伤胃气者，以坐为优矣。”中草药作为药材大家或许很熟悉，在日常生活中善用芳香类中草药，我们不仅会得到保护，还能够避免使用化学药剂而导致的自身污染与环境污染。艾绒坐垫改善寒性体质，坐着就能行气活血，还可以芳香辟秽。艾绒坐垫生产劳动活动为学生提供了完整劳动过程，促进学生掌握用木杵在石臼杵捣艾绒、缝纫等劳动技能，理解劳动创造价值，获得有积极意义的价值体验，尤其是在以劳树德、以劳增智、以劳强体、以劳育美方面效益显著。

二、劳动目标与任务

（一）项目劳动教育目标

1. 体会劳动创造价值的意义

艾绒坐垫这一劳动课程既有体力劳动又有脑力劳动，通过艾绒坐垫产品制作生产劳动，达到磨炼人的意志，增强人的自信，促进人的全面发展的目标。在课时内完成任务，使全体学生满负荷劳动，既能提升劳动技能，又能让学生在这个过程中体验到辛勤劳动、诚实劳动、创造性劳动产生的幸福感和成就感，体悟劳动创造成功生活的价值观。

2. 体会传统文化的强大生命力

使学生充分体会中医药文化强大的功能和生命力，感受到在一片小小的草叶中竟然含有一个奇特的天地。当学生们试用亲手制作的时尚实用的艾绒坐垫，真切感受到挥汗如雨的生产劳动创造的价值。

（二）项目劳动任务制定

1. 掌握艾绒坐垫制作的劳动技能

掌握中草药艾绒制作、坐垫外套及内胆制作，参与动手操作实践，熟练掌握木杵、石臼、缝纫机、裁缝剪刀等生产工具操作，逐步掌握艾绒坐垫制作的全套生产工艺。在中药材原材料的准备过程中，从质量、效益、环保等多角度分析比较芳香类中草药艾绒制作的有效方法，分组协同完成艾绒制作、坐垫外套及内胆缝制等多个劳动步骤。

2. 熟悉艾绒坐垫制作的任务流程如图 6–7 所示

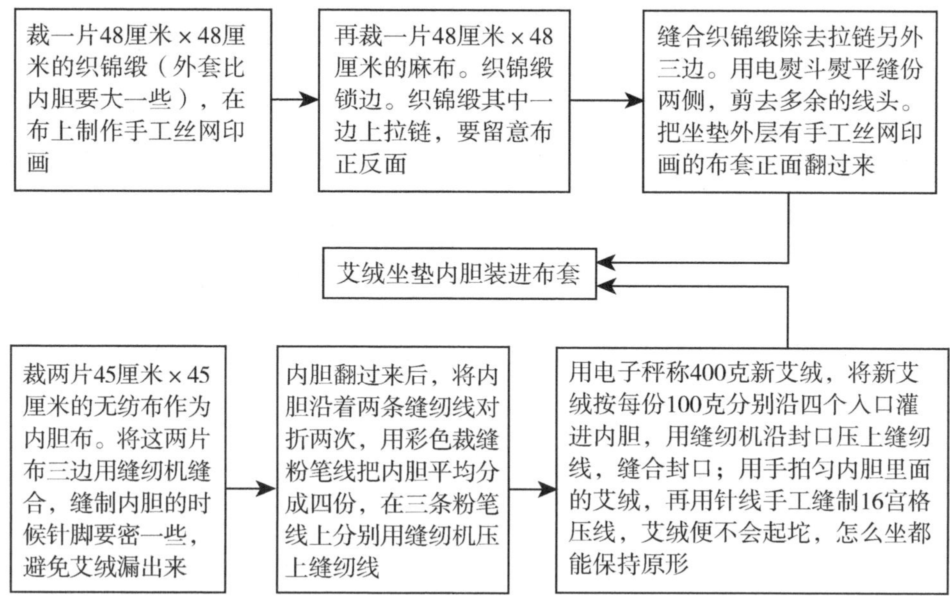

图 6–7 艾绒坐垫制作流程

三、跨界融通创意设计

根据叶的组成结构，植物的叶片由表皮、叶肉和叶脉组成。艾叶采摘后经过晾晒风干，水分脱尽，叶片组织失去韧性，变得非常脆，而艾的叶脉纤维仍具有很好的韧性。利用艾叶的这种特性，对艾叶进行捣碎处理，将粉末、枝梗等尽量去除获取的叶脉纤维即为艾绒。坐垫内胆的艾绒制作原材料要用新艾叶，因为艾绒坐垫的行气活血、芳香辟秽等功效主要依靠艾的芳香油，而芳香油会在存放过程中慢慢挥发。新艾绒挥发油与总黄酮含量较高，适用于制作枕头、坐垫、鞋垫、艾绒衣物等。

现代人类倡导生态、环保、时尚的生活方式，向往亲自动手营造个性化生活品质。艾绒坐垫制作的生活方式生动地体现了现代科学、传统文化与生活方式内在的穿越式融合。艾绒坐垫制作在具体的生活场景中打破了不同学科领域之间、传统与现代之间的“次元壁”，将生活之美、文化之美和劳动之美置入当代人的心灵之中，达到了四两拨千斤的效果。美不仅体现在劳动成果的呈现，而且体现在劳动的整个过程中。今天我们学习、继承和发扬中华优秀传统文化，要立足当下，关切现实。劳动不仅创造具有价值的公益产品，也创造冲破“次元壁”之美的精神产品。

艾绒坐垫制作是含有传统文化美的生活化劳动，并且其还含有现代科学的丰富知识，因此将其转化为劳动教育课程具有立体化的意义。艾绒坐垫制作通过隐性的学科领域、半隐性的传统文化和显性的产品制作，预示着劳动技能、品质和精神都建构于不同领域的知识与生活之上。脱离知识与生活的劳动是缺乏生命力的，因此也是乏味和不能长久的，这对我们的高中劳动教育具有启发性的意义。

四、资源与工具准备

（一）艾绒坐垫功效的文献依据

1. 会阴穴

我们人体有一个中央是最容易出现循环阻塞的问题，它就是我们的臀部。臀部位于人体的背外侧，靠近盆腔，为人体任督二脉的交会点，肇始发源。臀部的会阴穴，是贯通全身气脉之要隘。会阴，会阴穴的位置在阴部，男性在阴囊根部与肛门连线的中点。女性在大阴唇后联合与肛门连线的中点。顾名思义是阴经脉气交会之所。会阴穴是人体任脉上的要穴，为人体长寿要穴。会阴，顾名思义就是阴经脉气交会之所。会阳穴与人体头顶的百会穴为一直线，是人体精气神的通道。百会为阳接天气，会阴为阴收地气，二者互相依存、相似相应，统摄着真气在任督二脉上的正常运行，维持体内阴阳气血的平衡，它们是人体生命活动的要害部位。

李时珍说：“此脉才动，百脉俱通。”因此，凡有经验的医家，对于臀部之下历来高度重视。只要打通经络，即可百病不生。现代人不爱运动，会导致血液不通畅，气血不通畅，外邪就容易侵入体内。

2. 艾灸会阴穴功效

中医认为，会阴穴属任脉，是任、督二脉的交汇之点。按压此穴不仅有利于泌尿系统的保健，而且有利于整个机体的祛病强身。海底一开，百穴皆开；中脉一通，百脉俱通。会阴穴是人体任脉上的要穴，为人体长寿要穴。会阴，顾名思义就是阴经脉气交会之所。艾灸会阴穴是效果最明显的方法。坐熏方法很简单，不用仔细找穴位，把艾条、艾绒点燃放在带孔的凳子下，就可以熏灸到会阴部的长强穴和会阴穴，而这两个穴位都是功效强大的穴位，如果同时艾灸百会穴，效果会更明显。坐灸此二穴，快速补充阳气的功效不可思议，很快就全身发热、冒汗、排湿气等，故推荐这个方法为“春夏养阳”的必灸法，尤其是适合平时虚寒和全身酸软无力，上热下寒体质的人群。

中医认为：海底不开，任督难通。经常艾灸会阴穴，能疏通体内脉结，促进阴阳之气的交接与循环，对调节生理和生殖功能有独特的作用。打通会阴穴，还可治疗痔疮、便血、便秘、脱肛、肛周脓肿、白带异常、阴道脱垂、膨突等症。

3. 艾绒坐垫功效

坐熏艾烟较大，有人不喜欢；很多人工作繁忙，也没有时间坐熏，那么该如何更方便有效地打通会阴呢？清代名医吴尚先在《理瀹骈文》里说：“若内服药不能达到或恐伤胃气者，以坐为优矣。”

艾绒坐垫能直接而又长久地温暖下焦，有时候内服药都不会有这么长时间的效果。坐上艾绒坐垫不久，就明显感觉到一股辛凉之气嗖嗖往身体里蹿，后来才知道是艾绒和体温作用产生热能，不自觉中在温经散寒、补阳活血、抑菌消毒。艾绒坐垫正方厚实，温热恰足。天热久坐也不觉疲惫，特别适合运动量少，常坐生寒的人。

（二）工具和材料

所需要的主要工具和材料。工具：缝纫机、剪刀、1 米长直尺、手工丝印画工具（略）等。材料：缝纫线、裁缝笔、浅米白纯色织锦缎（或棉麻绒布）、拉链、针珠、电熨斗等。

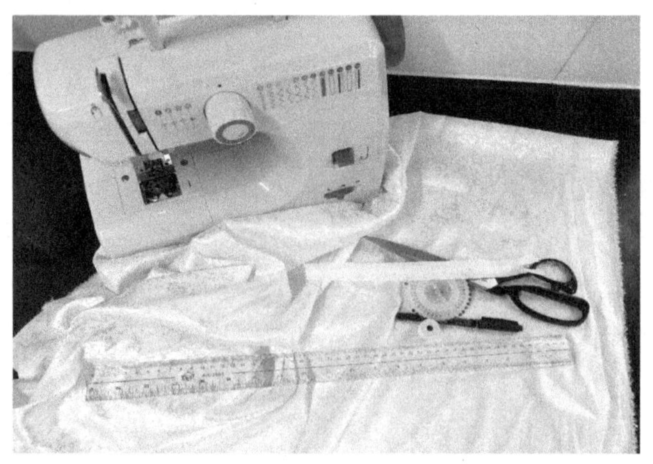

五、劳动任务的实施

（一）艾绒坐垫外层布套的制作

第一步，裁一片48厘米 ×48厘米的织锦缎（外套比内胆要大一些），在布面层印刷手工丝网印画等装饰。第二步，再裁一片48厘米 ×48厘米的织锦缎。第三步，织锦缎锁边。第四步，织锦缎其中一边上拉链，要留意布正反面。第五步，缝合织锦缎除拉链边外的另外三边。用电熨斗熨平缝份两侧，剪去多余的线头。第六步，把坐垫外层有图案的布套正面翻过来。

坐垫拉链安装方法：首先，将需安装拉链的两边向反面折进半个拉链宽度（约为2厘米），用针珠固定，用裁缝笔在织锦缎布套上画出缝合拉链要预留的位置，缝合坐垫上拉链位置的两端（注意边缝合边把针珠拆除）；其次，将拉链正面朝下与折边边缘对齐，用针珠固定其中一边，用缝纫机在距离拉链齿约1厘米位置缝合拉链（注意边缝合边把针珠拆除）；最后，再用此方法缝合拉链另一边。

（二）并行与串行协同化的高效课堂教学

“手工丝印画艾绒布艺产品制作”课程，建立3个并行生产劳动小组，每组3人，3个并行组分别是：二十四节气国画手工丝印画艾绒坐垫、传统吉祥纹饰手工丝印画艾绒坐垫、“艾·美”主题系列手工丝印画艾绒坐垫。再运用串行方法将艾绒坐垫制作分为三部分任务，即制艾绒、裁剪缝制、手工丝印画，分配给同小组3名队员。之后采用协同方法，同小组串行任务执行过程要相互配合，例如先裁剪布料，然后在布料上进行手工丝印画，最后缝制，这样既可以让画印在预设的位置上也可以避免混染。当执行印画任务的同学对布料进行手工丝印画时，执行裁剪缝制任务的同学此时可以裁缝艾绒坐垫内胆，“串、并”协同的高效课堂教学可使人人有事做，事事有人做。3个并行小组完成自己的劳动任务，并行协同小组进行组装形成产品（见表6–3）。

表6–3 并行C组手工丝印画艾绒系列坐垫制作

串行任务 并行项目	裁剪缝制	手工丝印画主题	制艾绒
C1	坐垫的内胆和布套	二十四节气国画	用端午节收割的艾叶，陈放一年后，阴干打成的绒，艾油充盈，最适合制作艾绒护具
C2		传统吉祥纹饰	
C3		“艾·美”主题系列	

（三）手工丝网印画

1. 丝网印画的特点与技术要求

丝网印画也叫孔版画，它与工业上的花布印刷方法相近，将颜色进行刮压从网孔漏至承接物上，所以也称作丝漏版画，丝网印刷目前在商业上得到大量的运用。它可以用来印刷广告、包装物、路牌、衣饰图案等，可以说随处都能见到丝网印刷的物品，它以制作快捷、经济，大小灵活，便于制作和印刷而受到社会的广泛欢迎。丝网印刷是指用丝网作为版基，并通过感光制版方法，制成带有图文的丝网印版。丝网印刷由五大要素构成，丝网印版、刮板、油墨、印刷台以及承印物。利用丝网印版图文部分网孔可透过油墨，非图文部分网孔不能透过油墨的基本原理进行印刷。印刷时在丝网印版的一端倒入油墨，用刮板对丝网印版上的油墨部位施加一定压力，同时朝丝网印版另一端匀速移动，油墨在移动中被刮板从图文部分的网孔中挤压到承印物上。

2. 手工丝网印画劳动工具

丝网印版、刮刀板、感光胶、漆笔（或油性笔、蜡笔等）、菲林片（或透明胶片、硫酸纸）、激光打印机（选用）、油墨、印刷台、电吹风（选用）、亚克力透明版、脱膜粉、刷子、海绵、洗洁精、纸胶带、硬卡纸等。

丝网版画工具

3. 手工丝网印画的操作流程

（1）绘图。绘画图稿有两种方法。方法一：用漆笔（或油性笔、蜡笔等）在菲林片（或透明胶片、硫酸纸）上进行书画创作。方法二：用激光打印机把书画作品的黑白图片打印在菲林片（或透明胶片、硫酸纸）上。

（2）上感光胶。在丝网印版上下左右边框贴上纸胶带，接着取出感光胶，把适量感光胶挤在丝网印版凹面上侧，拿起刮刀放置于丝网顶部，不急着上感光胶，先让刮刀和丝网面垂直接触，让刮刀完全接触胶体后，再竖起网版，匀速平均受力往下拉，使胶体都覆满丝网，形成一层绿色的胶膜。注意避免胶膜出现过厚、过薄等不均匀的情况，否则会导致曝光失败和感光胶难以去除。丝网印版边框多余的感光胶，能回收的可刮回瓶内，再用纸巾擦掉丝网印版边框剩余的小量感光胶。上完感光胶后，撕掉丝网印版上下左右边框上的纸胶带。然后，把丝网印版放置在阴暗通风的地方风干，最好用电吹风在距离网版 10 厘米左右快速吹干。未干之前胶面呈光泽感，干后则是亚光面。整体无明显水质光泽后，用手触摸网面时，干燥不粘手。

（3）曝光晒版。已有图文作品的菲林片（或透明胶片、硫酸纸）尺寸最好和网版内框相匹配，这样可直接把它用纸胶带粘在网版上。贴的时候，固定完一侧后，在固定其他边时，用手把纸张内的空气往外排（抚平），尽量让纸紧贴胶版。并用亚克力透光板盖在菲林片上，为了让菲林片和网版紧密接触，不留空隙，可用夹子把它们夹紧。把菲林片和网版等一起放在有阳光照射的地方曝光晒版，夏季晴天晒版 1 小时，冬季晴天晒版 2 小时，阴天不晒版。

（4）显影图案。去掉夹子，拿下菲林片。此时有图文作品的部分因不透光，对应位置的感光胶没有凝固，迅速用水冲洗网版，让大水冲透显影图案。用海绵轻轻擦拭网版表面，阳光下检查网版图案是否镂空通透了。最后自然晾干或用电吹风吹干网版。

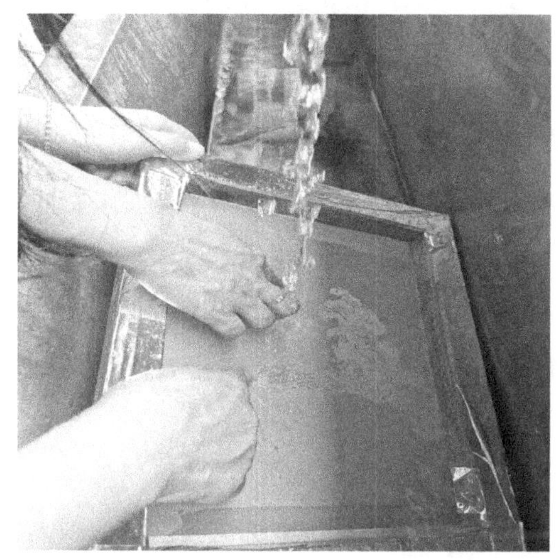

（5）印刷图案。首先在网版框体的下方边框固定 20 毫米厚的卡纸，目的是人为增加网版和承印物之间的高度，这样刮刀下压时丝网不接触承印物，减少晕染漏墨。

在玻璃印台上放置艾绒坐垫外层布套，为了避免油墨印染到艾绒坐垫外层布套的另一面，先在艾绒坐垫外层布套内塞一张硬卡纸。然后把网版放入上方的卡槽，摆正自己想要印刷的位置后，锁紧把手。将油墨挤在图像的上侧，刮刀和网面成 50 ～ 70 度角，刮刀稍微用力压紧网面并朝自己方向刮动颜料，把刮刀来回多刮几次，既可以使印刷图案效果更好，又不易堵网。

丝网版画手工艺生活用品

需要量产的话，添加油墨继续印刷。可以一个颜色一次印多张，也可以多个颜色混印，例如印完红色后，把网版偏移一点，再刷一层蓝色，形成偏移套色。还可以在网版上挤多种颜色一起印，实现多色混印。印刷工作完成后一定要及时清洗油墨，否则油墨会残留在网版上难以去除，造成丝网堵塞。

（6）去除丝网感光胶

脱膜粉配常温水可按照 1∶6 的比例装入杯子，搅拌并让脱膜粉充分溶解在水中，洒 2/3 脱膜溶液在网版上，其他的洒到海绵上，并让脱膜溶液在网版上的感光胶上浸润 5 分钟；然后把洒有脱膜溶液的海绵放到网版上来回洗刷；再把洗洁精倒入网版，并用刷子把顽固的油墨和感光胶残留清除。

（四）艾绒坐垫内胆制作及成型

第一步，裁两片 45 厘米 ×45 厘米的无纺布作为内胆布。第二步，将这两片布三边用缝纫机缝合，缝制内胆的时候针脚要密一些，避免艾绒漏出来。第三步，将内胆翻过来后，将内胆沿着两条缝纫线对折两次，用彩色裁缝粉笔线把内胆平均分成四份，在三条粉笔线上分别用缝纫机压上缝纫线。第四步，用电子秤称 400 克新艾绒，将新艾绒按每份 100 克分别沿四个入口灌进内胆，用缝纫机沿封口压上缝纫线，缝合封口。第五步，用手拍匀内胆里面的艾绒，再用针线手工缝制 16 宫格压线，艾绒便不会起坨，怎么坐都能保持原形。完成制作后，清洗整理劳动工具，并把劳动工具和剩余的原材料存放回储存柜内，做到生产劳动有始有终。

六、劳动效果的评价

（一）体会劳动创造财富的独特价值

学生在生产劳动中亲历产品生产细节，真实感受生活必需品来之不易，体会劳动创造物质财富满足生活需求的伟大，从而学会尊重普通劳动者和劳动成果，发挥了劳动育人的独特价值。使学生在劳动知识、技能、成果与价值四个方面得到体验和成长。

（二）感受中华传统中医药文化的神奇

当大家试用了亲手制作的时尚实用的艾绒坐垫，真切感受到艾绒坐垫具有的温经散寒、补阳活血、抑菌消毒，以及改善寒性体质，坐着就能行气活血功效。正如名医吴尚先所说：“若内服药不能达到或恐伤胃气者，以坐为优矣。”

（三）课后探究作业

自制艾绒坐垫、抱枕、枕头。

艾绒穴位（神阙、大椎）T 恤衫的制作

一、劳动主题的生成

（一）产生于中华优秀传统中医药文化进课堂

2021 年 1 月，教育部制定并印发《中华优秀传统文化进中小学课程教材指南》，开展中小学中华优秀传统文化教育，对于永续中华民族的根与魂，坚守中华民族的共同理想信念，筑牢民族文化自信、价值自信的根基，维护国家文化安全，增强国家文化软实力，培养青少年做堂堂正正的中国人，具有重要意义。中华优秀传统文化进中小学课程教材，是强化中华优秀传统文化铸魂育人功能，落实以中华优秀传统文化涵养社会主义核心价值观，实现中华优秀传统文化传承发展系统化、长效化、制度化的重要举措。

（二）产生于传统中医药文化的健康养生理念

2014 年 2 月 24 日，习近平总书记在中央政治局第十三次集体学习时的讲话指出，要讲清楚中华优秀传统文化的历史渊源、发展脉络、基本走向，讲清楚中华文化的独特创造、价值理念、鲜明特色，增强文化自信和价值观自信。2019 年 10 月，习近平总书记对中医药工作作出重要指示指出，中医药学包含着中华民族几千年的健康养生理念及其实践经验，是中华文明的一

个瑰宝，凝聚着中国人民和中华民族的博大智慧。中医药知识烟波浩渺、博大精深，理解起来有一定的难度，“艾绒穴位（神阙、大椎）T 恤衫制作”以一种青少年更易于接受的形式展开。依据中医“内病外治”的理论，药效通过皮肤毛孔透皮吸收，本 T 恤衫穴位内胆采用 8：1 高纯度青（新）艾绒制成，芳香留体，长期穿戴于身，有助阳扶正、暖中和胃、补阳暖宫、养精暖肾的功效。阳气足，则生命力强，阳损则体伤。对于阳虚脾湿、宫寒、脾胃虚寒、消化不良以及素体阳虚女性穿戴本产品疗效非凡。

二、劳动目标与任务

（一）弘扬生态文明，共建绿色校园

习近平总书记提出“绿水青山就是金山银山”，在生态社会的大背景下，如何解决生态环境保护和经济水平的增长之间的矛盾，人类对社会的可持续发展提出了迫切需求，不少发达国家和发展中国家以及国际组织，都先后开始在各个领域中探索可持续发展之路，而捶草拓画以它所特有的功能和特点，逐渐成为人们在生态纺织与生态染料上的关注重点，其在促进社会经济发展的同时也为生态文明建设做出了巨大贡献。

（二）践行绿色生活，发展传统技艺

捶草拓画是中国传统染色技法植物拓染、拍染或捶染的延伸，源自“捶草印花”技艺，它是民间印染的特技。随着绿色生态理念的发展，植物拓染在布艺产品生产过程中有着巨大的应用价值。目前，“低碳生活”“绿色设计”“可持续发展”等已成为全球瞩目的话题，人类社会正经历从工业文明到生态文明的过渡，人类在关注生产发展的同时，开始更多地关注自身的活动对社会和生态环境所带来的影响。

（三）艾绒穴位（神阙、大椎）T 恤衫制作的生产流程

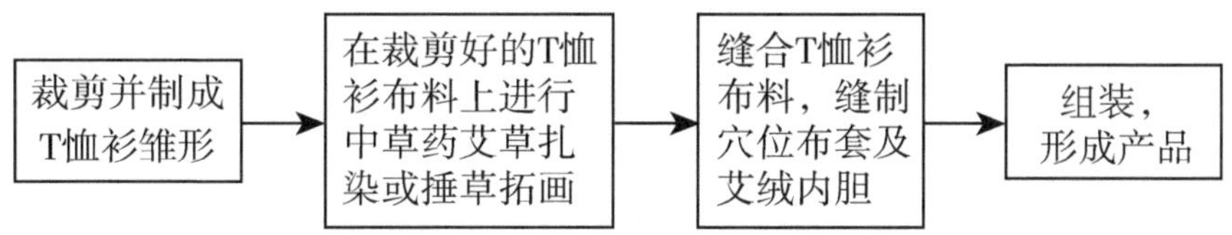

三、跨界融通创意设计

芳香类中草药产品“艾绒穴位（神阙、大椎）T恤衫”制作生产劳动是“和合创生：普通高中生产劳动教育课程”的特色项目，本项目将服饰、捶草拓画及中草药等进行跨界融合，生产时尚实用的产品。艾绒穴位（神阙、大椎T恤衫）在神阙及大椎两个穴位贴有艾绒，有芳香留体、疏通经络、散寒止痛、降湿杀虫等功效。艾绒穴位（神阙、大椎）T恤衫外套与内胆可分离，便于拆洗更换，产品设计轻薄，贴身合体。

以T恤衫为载体，充分发挥皮肤的渗透功能，将艾绒药效送达人体各个部位，达到防病、养生之效。皮肤起着接收器和效应器的作用，而芳香类中草药艾又具有较强的穿透能力，能深入到皮下层，有效地刺激神阙穴和大椎穴，疏通经络。中草药与T恤衫完美结合，使T恤衫呈现出独特的功能效果。活动艾绒内胆设计，有很好的药物保健功能，同时具有良好的生物可降解性和环境相容性。

捶草拓画工艺将大自然中自然生长的花、草、叶、茎转变为纺织品中的装饰图案，建立人与自然之间的联系。捶草拓画的纹样及其制作而成的作品不仅具有天然、温润的色彩，同时带有手工艺人与设计师在作品中寄予的执着精神和情感理念，将追求极致的工匠精神注入产品中。根据捶草拓画的名称与工艺手法可知，其拓染材料均来源于自然界中的植物，但由于自然界非人力所能控制，所以捶草拓画同时也受制于自然。季节、植物品种，以及叶片厚薄程度、水分和叶绿素含量的不同均会对中草药捶染纹样产生不同程度的影响，在这些因素的作用下，捶染的纹样效果可谓千变万化，形成了捶草拓画工艺所独有的艺术特色。

捶草拓画源自“捶草印花”技艺，它是民间印染的特技，不是传统批量印染的主流。从技法上说，它太民间、太原始，没有高难的技术含量，是一种材料随手可得，图案随意组合，认真捶打的小众技艺。捶染图案自然美观，随意性强，是教学的好形式；色彩环保，适合各种类型人群穿戴使用。捶染工艺使用的垫板、捶具、面料，叶片生长的季节和含汁量的多少，特别是捶打时手上的力量，完全依靠制作者的感觉，而这种发力的感觉取决于制作者的捶打经验和体会。看似简单的制作原理，却有其技术上的微妙显现。

捶草拓画的技术特色是材料易取，技术易学，成功率高。因此，其特别适合作为课堂教学内容。在捶打中，图案上草叶的叶脉清晰，姿态生动，连虫咬的孔洞都可以十分完整地再现，图案的组织可以根据设计随意调整，包括色彩的掌握可以利用不同植物叶或相同植物成熟度不同的叶完成。选择不同的媒染剂可得到不同的色彩，例如绿矾（七水硫酸亚铁）或乙酸铁（醋酸铁）媒染固色后，绛紫色的草叶纹样就会在面料上固定，用明矾媒染固色，则草叶纹样颜色与本色相近。固色的时机和剂量很难把握，使用过多的固色剂会使颜色晕染化开，过少则固不了色。初学者可以在涂抹固色剂的同时，用棉布吸走多余的水分。因此，捶草拓画的艺术特色和艺术再创造的可能性不可低估。

四、资源与工具准备

（一）艾绒穴位（神阙、大椎）T 恤衫制作依据

腧穴敷贴法是指在某些穴位上敷贴药物，通过药物和腧穴的共同作用以治疗疾病的一种方法。若将药物敷贴于神阙穴，通过脐部吸收或刺激脐部以治疗疾病时，又称敷脐疗法或脐疗。药物多用具有通经活络作用的芳香类中草药艾等。腧穴敷贴选穴力求少而精，神阙穴等穴为常用的敷贴穴。艾绒穴位（神阙、大椎）T 恤衫在神阙穴、大椎穴两穴处放置艾绒，也是根据腧穴敷贴法原理。

（二）神阙、大椎穴的中医中药学原理

神阙穴，在腹中部，脐中央。在脐窝正中，深部为小肠。神阙穴一般不针，多用艾条或艾炷隔盐灸。神阙穴等穴为常用的敷贴穴。腹部的“暖气”开关就是我们的肚脐——神阙穴。肚脐，中医称之为“神阙穴”，人体唯一看得见、摸得着的穴位，其特殊性及与全身的广泛联系，是其他任何穴位无法比拟的，被称为“先天之结蒂，后天之气舍”，“五脏六腑之本，元气归藏之根”。神阙穴是任脉上的腧穴，具有温通阳气、健脾和胃、强壮祛病、养生延年的功效，广泛应用在内、外、妇、儿等疾病的治疗上。穴位及经络都与神经末梢、神经束、神经节有着密切关系。这也就是脐疗能促进人体神经、

体液调节，从而改善组织器官功能的道理所在。李时珍在《本草纲目》中记载："老人丹田气弱，脐腹畏冷者，以熟艾入布袋兜其脐腹，妙不可言。"《艾叶的研究与应用》一书介绍："光绪三十四年（1908年）御医就用蕲艾等药粉碎火搓软，以绫绢制成六寸宽的腰带紧系于腰间治疗光绪皇帝的腰胯疼痛，以补汤药之不及。"

大椎穴，在后正中线上，第七颈椎棘突下凹陷中。《医经理解》记载："大椎，椎骨之最大者也。一名百劳。在第一椎上，一曰平肩取之，则在第一椎下也。"《肘后方》记载："大椎在项上大节高起者。"关于"大椎穴"的定位，我们习惯表述为第七颈椎棘突下凹陷中。其实，作为骨名，"大椎"是指第一胸椎；作为穴名，"大椎"在第一胸椎棘突上陷中。简单地说，将头稍微往前垂下，不动肩膀只左右动头颈部，便会发现有的突起会动，有的突起不动，会动的突起就是颈椎，取穴时只要找会动突起的最下方即是。大椎穴为"三阳""督脉"之会，全身阳气都在这里交汇。按摩大椎就相当于打开了全身"暖气"的总开关。《针灸甲乙经》称大椎为"三阳督脉之会"，即手足三阳经和督脉之会。《甲乙经》说："大椎，在第一椎上陷者中，三阳督脉之会。"《铜人》也有"手足兰阳督脉之会"的记载。它们都指出大椎穴为督脉与手足三阳经的交会穴。因督脉为阳脉之海，能统督一身之阳经，大椎穴又为三阳督脉之会，故有"大椎为诸阳之会"之说。这一点在现代生活中仍有重要意义。对于长期穿低领衣服、夏天爱背对着空调吹的人，整个背部僵硬难受，穿上艾绒穴位（神阙、大椎）T恤衫，解除大椎穴寒邪的封锁，很快整个背就会热起来。

（三）人工合成染料与天然植物染料

1. 人工合成染料

蒽醌染料，分子中含有蒽醌结构的各类染料的总称。包括还原染料、酸性染料、分散染料、活性染料等。蒽醌类化合物的基本母核为蒽醌，母核上常有羟基、羟甲基、甲基、甲氧基和羧基等取代基。2017年10月27日，世界卫生组织国际癌症研究机构公布的致癌物清单初步整理参考，人工合成蒽醌在2B类致癌物清单中。

偶氮染料则是偶氮基两端连接芳基的一类有机化合物。人工合成偶氮染料是纺织品服装在印染工艺中应用最广泛的一类合成染料，用于多种天然和合成纤维的染色和印花，也用于油漆、塑料、橡胶等的着色。在特殊条件下，它能分解产生 20 多种致癌芳香胺，经过活化作用改变人体的 DNA 结构，引起病变和诱发癌症偶氮染料是种类最多的一大类染料。在生产和应用的过程中，有 10% ～ 15% 的合成染料未经处理即被排放到环境中，可能严重影响接触者的健康。

2. 天然植物染料

工业的发展致使地球环境每况愈下，在这种严酷的生存环境之下，人们生活理念逐渐发生根本性的转变，开始推崇健康、舒适、绿色的生存方式，并且这种绿色生存理念已经深入人心。合成染料的大面积使用给人类带来了一定的危害，并且合成染料的源头是石油，是不可再生资源，总有一天会枯竭。而天然的植物染料不仅是可再生资源，还取之不尽，用之不竭，更是一种对大自然无公害、无污染的优质原料，染料提取留下的残渣又可经过进一步的处理转换成优质肥料，从而达到资源循环利用的目的。由此可见，植物染料可以通过合理适度的开发避免因合成染料造成的环境污染问题，将“人与自然和谐共处”“可持续发展”等生态理念落到实处。

植物染料是对天然植物的花草树木以及果实等进行原料的加工与提纯所获得的，而其中不乏具有保健功能的中药植物，这些中药植物所具备的药用功能在制作成染料之后并未完全消散，部分功能继续保留。植物染料具有其独特的视觉感受及文化韵味，以特有的防虫杀菌等特点被越来越多的国家和品牌所喜爱并对其开展大规模的深入研究，植物染料虽无法完全取代合成染料，但其具有无限的潜能，并且占据了一定的市场份额。在内衣领域，植物染料在安全、舒适方面是合成染料无法替代的。婴幼儿皮肤嫩滑敏感，普通染色面料容易引发感染，而天然环保面料与植物染料的结合既能解决舒适与安全问题，又能保证色泽丰富。家纺用品领域，床单、被罩等贴身物品同样需要安全和舒适性高的环保面料与安全性高的植物染料进行生产制作。

植物染料均从天然植物中提取，大多数具有中药成分，不会对人体造成伤害，能有效避免因合成染料引起的过敏甚至癌症。在崇尚健康、自然、舒适理念的现代社会，植物染料与环保面料的结合必将拥有无限的发展潜能和应用前景。

（四）金属离子媒染剂

金属离子和酸根离子结合生成的化合物称为金属盐，这些含有金属离子的化合物盐类也多作为金属离子媒染剂使。在使用金属离子媒染剂进行媒染时，金属离子作为媒介物质使具有色相倾向的色素分子与纤维形成复杂结合，从而改变色调产生发色效果，同时增强色素自身稳定性达到固色目的。金属离子媒染剂主要有铝矾、铁矾、铜矾等。矾类溶液呈酸性，酸性媒染染料分子中含有能与金属离子螯合的基团，由于它与金属盐媒染剂形成螯合物而使染料分子牢固地附在纤维上。常用的金属离子媒染剂有：

（1）明矾，又称白矾或十二水硫酸铝钾。化学式为 $KAl(SO_4)_2 \cdot 12H_2O$，是一种含有结晶水的硫酸钾和硫酸铝的复盐，可溶于水，不溶于乙醇。明矾是强酸弱碱盐，水解显酸性，水解方程式为：$Al_3+3H_2O \rightleftharpoons Al(OH)_3+3H^+$。明矾溶于水时首先电离产生铝离子，然后铝离子水解生成氢氧化铝和硫酸，从而使溶液呈酸性。明矾是无色立方晶体，密度为 1.757 克 / 立方厘米，熔点为 92.5℃。明矾性味酸涩，寒，有毒。故有抗菌作用、收敛作用等，可用作中药。明矾还可用于制备铝盐、发酵粉、油漆、鞣料、澄清剂、媒染剂、造纸、防水剂等。

（2）绿矾，学名七水硫酸亚铁，化学式为 $FeSO_4 \cdot 7H_2O$，浅蓝绿色结晶。溶于水，不溶于醇。绿矾主要用于制造铁盐、墨水、磁性氧化铁、净水剂、消毒剂、铁触媒催化剂，用作媒染剂、鞣草剂、漂水剂、木材防腐剂及和复合肥料添加剂，以及加工一水硫酸亚铁等。

（3）乙酸铁，一般指醋酸铁，化学式为 $Fe(CH_3COO)_3$，简写为 $Fe(Ac)_3$。乙酸亚铁就是醋酸亚铁，化学式为 $Fe(CH_3COO)_2$，简写 $Fe(Ac)_2$。醋酸铁中的铁是三价铁；醋酸亚铁中的铁是二价铁。而印染上用的大多是醋酸亚铁。

（4）蓝矾，一般指五水硫酸铜。五水硫酸铜是一种无机化合物，也被称作硫酸铜晶体，为了与“无水硫酸铜”区别，通常读作“五水合硫酸铜”，化学式为 $CuSO_4 \cdot 5H_2O$，俗称蓝矾、胆矾或铜矾。

（5）碱性媒染剂。以上金属离子媒染剂铝矾、铁矾、铜矾等矾类溶液呈酸性，因此都属于酸性媒染剂。而能够使媒染液呈碱性的天然媒染剂则称为天然碱性媒染剂，例如提取于草木灰的碳酸钾等。碱性媒染剂的作用主要是通过媒染处理，使色素分子沉积附着于纤维中。例如，碳酸钾就是一种重要的常用碱性媒染剂。碳酸钾是一种无机物，化学式为 K_2CO_3，白色结晶粉末。水溶液呈碱性。碳酸钾吸湿性强，暴露在空气中能吸收二氧化碳和水分，转变为碳酸氢钾，因此应密封包装。碳酸钾可用于玻璃、印染、肥皂、搪瓷、制备钾盐、合成氨脱羰，也用于彩色电视机工业，主要用于食品中作膨松剂。

（五）天然色素媒染染色方法

单宁酸是一种高度聚合的多酚化合物，广泛存在于植物的叶、茎、皮、果内，单宁酸的多个邻位酚羟基结构可以作为一种多基配体与金属离子发生络合反应。两个相邻的酚羟基能以氧负离子的形式与金属离子形成稳定的五元环螯合物，邻苯三酚结构中的第三个酚羟基虽然没有参与络合，但可以促进另外两个酚羟基的离解，从而促进络合物的形成及稳定。单宁酸与金属离子络合所形成的螯合物一般有颜色，可在不同 pH 下发生沉淀，如单宁酸与 $FeCl_3$ 反应生成黑色沉积从而附着在布料上。

植物敲拓染图案色彩成形的关键因素是植物中的单宁酸，它能够将颜色以印刷形式附着在织物的纤维上，单宁酸具有多元酚和羧基的有机物质，存在于植物的叶、茎、皮或果壳中。一般来说吃起来发涩的水果普遍都含有单宁酸，如绿豆、苹果、梨、柿子等。由于植物的单宁酸含量不同，并非每种植物都能成为捶草拓画染色材料。单宁酸含量高的花和叶更易于染色，同一种植物也会因地区、时令的不同而导致染色不同。例如，车前、艾、橡树、漆树、柠檬桉、秋枫叶及玫瑰花花瓣单宁含量较高，适合作为敲拓染植物；而火龙果的果皮虽然颜色艳丽，因为不含单宁酸，植物色素无法沉积附着在布料上，故不能作为敲拓染材料。

红桑，大戟科铁苋菜属，灌木，叶子在白色棉布上捶拓后，经铁矾媒染显绛蓝色、铝矾媒染显红紫色、铜矾媒染显砖红色、碳酸钾媒染显绿茶色。

洋紫荆，豆科羊蹄甲属，落叶乔木，花瓣在白色棉布上捶拓后，经铁矾媒染显绛紫色、铝矾媒染显玫红色、铜矾媒染显紫罗兰色、碳酸钾媒染显孔雀绿色。

长隔木，别称希茉莉，茜草科长隔木属，红色灌木，幼叶淡紫红色，老叶黄绿，入秋叶片紫红。长隔木叶片背面捶拓效果比叶片腹面好，叶片在白色棉布上捶拓后，经铁矾媒染显紫灰色、铝矾媒染显棕灰色、铜矾媒染显棕红色、碳酸钾媒染显咖啡色。

光叶子花，别称花叶簕杜鹃，紫茉莉科叶子花属，藤状灌木。花瓣在白色棉布上捶拓后，经铁矾媒染显军绿色、铝矾媒染显草黄色、铜矾媒染显姜黄色、碳酸钾媒染显鹅黄色。

红背桂花，大戟科海漆属，常绿灌木，叶片腹面绿色，背面紫红或血红色。叶子在白色棉布上捶拓后，经铁矾媒染显绛蓝色、铝矾媒染显茄紫色、铜矾媒染显绛红色、碳酸钾媒染显军绿色。

艾，多年生草本或略成半灌木状，植株有浓烈香气。叶子在白色棉布上捶拓后，经铁矾媒染显绛黑色、铝矾媒染显绿茶色、铜矾媒染显灰绿色、碳酸钾媒染显军绿色。

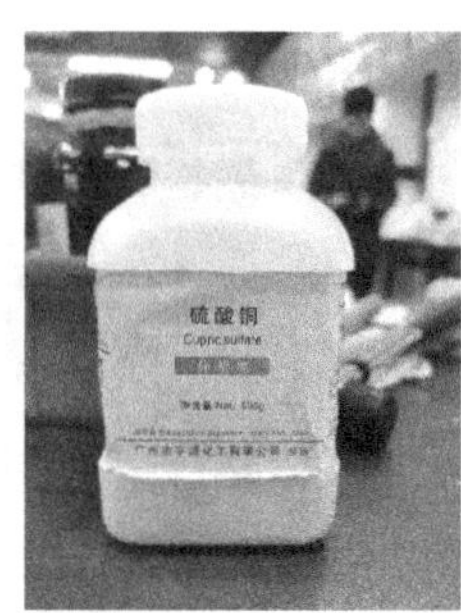

综合起来，天然植物染料的染色方法主要有3种：同浴媒染法，媒介染料和媒染剂在同一浴中完成上染和络合的染色方法；预媒染色法，先将毛纺织物用媒染剂溶液处理，再在染浴中染色的方法；后媒染色法，先在染浴中染色，上染比较完全后，再在染浴中加入媒染剂进行络合的染色方法。

（六）艾绒穴位（神阙、大椎）T恤衫制作工具与材料

1. 中草药艾草染（扎染）制作工具与材料

（1）材料与待染物：新鲜艾草叶、艾绒穴位（神阙、大椎）T恤衫。

（2）媒染剂：醋酸铁、碳酸钾。

（3）染色工具：电磁炉、不锈钢煮锅、调温水浴锅、托盘秤、搅动用的长镊子或筷子、橡胶手套、滤网（或沥水盆）、不锈钢盆、夹板（或夹子、橡皮筋、麻线）。

2. 捶草拓画制作工具与材料

（1）捶草拓画材料与待染物：新鲜叶片、花瓣，穴位 T 恤衫（棉、麻、丝）。

（2）捶草拓画媒染剂：矾类、碳酸钾。

（3）捶草拓画工具：吸水棉布、橡胶锤子（或鹅卵石、小木棍、牛筋榔头、擀面杖等）、剪刀、0.5 毫米半透明 TPU 面料，水彩笔刷（或毛笔）。

3. T 恤衫与艾绒内胆制作工具与材料

（1）工具：缝纫机、剪刀、1 米长直尺、电熨斗。

（2）材料：缝纫线、纯棉针织面料、本色纯棉布、艾绒。

五、劳动任务的实施

（一）串行与并行协同的课堂组织

“艾绒穴位（神阙、大椎）T 恤衫制作”课程，建立 6 个并行生产劳动小组，分别是：献礼建党百年、廉洁修身文化、二十四节气国画、传统吉祥纹饰、“艾・美”主题系列、中草药艾草染（扎染）T 恤衫外装饰制作。再运用串行方法将艾绒穴位（神阙、大椎）T 恤衫制作分为四部分任务，即制艾绒、媒染测试、裁剪缝制、捶草拓画或中草药艾草扎染，每个并行组有 4 名队员，之后采用协同方法，4 名队员对每部分进行研究并按照既定技术流程完成设计。同小组串行任务执行过程要相互配合，例如先裁剪布料，然后在布料上进行捶草拓画，最后缝制，这样既可以让画拓在预设的位置上，也可以避免混染。当执行拓画任务的同学对布料进行捶草拓画时，执行裁剪缝制串行任务的同学此时可以裁剪缝制艾绒穴位内胆，“串、并”协同的高效课堂教学可使人人有事做，事事有人做。6 个并行小组完成自己的劳动任务后，并行协同小组进行组装形成产品（见表 6–4）。

表 6-4 并行 A 组捶草拓画艾绒穴位（神阙、大椎）系列 T 恤衫制作

<table>
<tr><th>串行任务
并行项目</th><th>裁剪缝制</th><th>捶草拓画主题</th><th>媒染测试</th><th>制艾绒</th></tr>
<tr><td>A1</td><td rowspan="6">穴位（神阙、大椎）T 恤衫</td><td>献礼建党百年</td><td rowspan="6">根据捶草拓画或中草药艾草扎染主题需要，用金属离子媒染剂和碱性媒染剂选取植物叶子或花瓣等进行测试，以期选出最合适的材料</td><td rowspan="6">用端午节收割的艾叶，陈放一年后，阴干打成的绒，艾油充盈，最适合制作艾绒护具</td></tr>
<tr><td>A2</td><td>廉洁修身文化</td></tr>
<tr><td>A3</td><td>二十四节气国画</td></tr>
<tr><td>A4</td><td>传统吉祥纹饰</td></tr>
<tr><td>A5</td><td>“艾·美”主题系列</td></tr>
<tr><td>A6</td><td>中草药艾草染（扎染）</td></tr>
</table>

（二）精选优质纯棉针织面料，裁剪并制成 T 恤衫雏形

1. 松布时间要到位

面料购买回来后，首先要做的事情就是把面料放松。面料厂家为了使得面料容易运输和储存，在织布的时候会把面料转成捆。松布环节就是要把成捆的面料放松，让面料自然堆放超过 24 小时。这样做的目的是使面料从紧绷的状态恢复到自然的状态，让做出来的 T 恤衫不会“缩”或“变形”。

2. 精准裁剪

按照穴位 T 恤衫的要求，裁剪不同的款式、尺码、数量等。

（1）本穴位 T 恤衫采用弹性适中的针织面料，纸样与包裹人体所需的面积相比适当大一些，即相对于人体有一定的松量。裁剪前需要手工画（也可在电脑里设计和排版）好纸样。

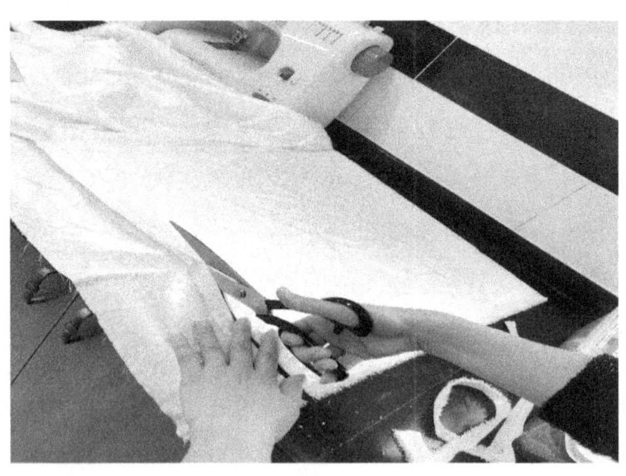

（2）针织面料在裁剪时会卷边。卷边是由于织物边缘圈内应力的消失而造成的边缘织物包卷现象，它会造成成衣片的接缝不平整和尺寸规格变小，在纸样设计时可以通过加放 1 厘米等办法解决。

（3）T 恤衫裁剪比较简单，把纸样与针织面料同一方向放在布片上面，裁剪前片、后片、袖子。领口包边条要用 45 度斜布条。

（4）由于使用的针织面料细密不易脱散，剪过以后也不会散边，因此只需用剪刀将缝份边缘剪齐，不需要包缝机锁边。

（三）在 T 恤衫布料上进行中草药艾草染（扎染）或捶草拓画

在裁剪好的 T 恤衫布料上进行中草药艾草染（扎染）或捶草拓画。

1. 中草药艾草染

第一，材料准备：将艾草茎叶用刀切成细丝，称取 500 克，并量取 3.2 千克的蒸馏水（由于水分在加热时会蒸发，为保证染液的体积，一般多取一些蒸馏水）。第二，染液提取：将量取好的蒸馏水和艾草丝加入浴锅中，并加入水量 0.1% 的碳酸钾，放在电磁炉上加热，沸腾之后保持加热温度为 80 度，时长为 30 分钟。待其冷却，使用滤网滤出染液。第三，退浆：由于在织造过程中会给纱线表面涂一层黏合剂，因此染色前要除去织物表面上的杂质，目的是通过化学的或物理的手段，除去面料上有碍染色的杂质，提高吸附染料的能力和改善使用性能。也就是说市面上买回的成品布，在整理过程中都加了浆料，在染色前必须做退浆处理。方法是：将要染的布料放入热水（60 度左右）浸泡半天，并加以翻动，使浆料溶解，再放入洗衣机中，加入洗衣粉，用一般洗衣程序洗涤，清洗干净后即除去浆料，也可以用手搓揉，冲洗干净后晾干即可。如想快速一些，可加适量的洗衣粉及布重 20 ～ 30 倍的清水放入不锈钢锅中煮 30 ～ 60 分钟，煮时要不断翻动，煮后充分水洗，洗后晾干。第四，染色：a. 取出不锈钢锅，倒入 3 千克的染液，将准备好的穴位 T 恤衫放入染液里。用筷子充分搅拌，使布料完全浸入染液里。将不锈钢锅放入恒温浴锅里，并将浴锅温度保持在 60 度，染色时间约为 30 分钟。b. 取出被染物，在不锈钢锅中放入 30 克的醋酸铁，并将不锈钢锅再次放入恒温浴锅里，不断搅拌，使媒染剂充分溶解。c. 将穴位 T 恤衫放入不锈钢锅内，用筷子充分搅拌，使面料完全浸入加入了媒染剂的染液里。将恒温浴锅温度调至 60 度，染色 40 分钟。d. 取出染好的穴位 T 恤衫，用清水洗涤，晾干。

2. 扎染

“中草药艾草染”若用明矾媒染就是黄褐色，若用绿矾媒染就是绛紫色。这种色调可以减少操作上的失误，但是也导致了“艾草染”的色彩略显单一。如果能够与其他染色技法结合，会更有利于获得丰富的、多样的可能性。

扎染，即传统的“绞缬”“扎缬”，它是我国优秀的民间传统印染工艺。扎染，它被誉为我国染色界的国粹，已被文化和旅游部列为非物质文化遗产。具体来说，扎染分为扎结和染色两个步骤，首先用线或绳子对被染物进行紧固的打结、绑系、缝扎等处理，然后再在染液中进行煮染的方法。对于扎结用力程度不同，织物染色会出现染色不匀的效果，待煮染完成后，拆去扎线、洗掉浮色后，被染物上会出现事先或打结或绑系而成的花纹。扎染工艺操作简单易学，其扎结的方式也变化繁多，但扎染所呈现的艺术效果趣味无穷，即使扎结出成千上万种花，但染出来的每朵花也不尽相同。这种独特的艺术效果，是现代化机械印染工艺无法达到的。

3. 捶草拓画

捶草拓画是植物拓染最为简单、便捷的工艺手法。捶草拓画是利用外力敲打拍击的方式，根据创作需要把中草药植物颜色和纹理敲捶拓印在布料上。平时这些不被人们关注的叶子和花瓣，用剪刀剪一剪，可以在布料上拼敲捶拓出一幅幅唯美至极的捶染画，花卉、动物、水果、蔬菜，甚至人物，都能被捶出。捶草拓画源自被河南省文化厅批准为省级非物质文化遗产的“捶草印花”技艺。

捶草印花是豫西的一种印染技艺。这种古老的印染技艺相传起源于明清时期，在民国初期失传。现今这项全国独一无二、极具地域特色和艺术价值的印染技艺再次受到世人关注。作家杨莉波曾把“捶草印花”称为棉布上的《草叶集》，她说：“捶、草、印、花，每一个字都可以拆分开来，每一个字拆分开来都是一道工序、一幅画面，而它们组合在一起，又是一个故事、一种风情。木棒捶得叮叮当当，连同捶草印花时心弦的轻轻拨动，合成美妙的乐音，诉说着手工艺的闲适与诗意，表达着农耕文明的恢宏与静美。”

（1）植物拓染。《庄子·外篇·知北游》曰“天地有大美而不言”。庄子认为美存于“天地”，也就是大自然之中。植物拓染工艺取材天然，在人与自然之间建立联系。通过手工艺人一丝不苟的染色制作，用自然馈赠的色彩装饰人类的生活。由于植物拓染采用传统的手工制作，产生的作品或图案都是独一无二的，即使出自同一工匠之手也不可能做出完全相同的作品。植物拓染的作品色彩天然、温润，同时带有手工艺人在作品中寄予的执着精神和情感理念。植物拓染是充分利用新鲜植物的叶、茎、花、果的色素及形状在麻、葛、丝或棉上着色，然后利用媒染剂进行辅助染色和固色，植物的形态作为自然的寄托而保留。植物拓染由天然植物为染料，面料具有绿色、健康、环保特性且富有“人文”内涵，适宜开发高附加值的文创产品设计，立足于植物拓染过程之美，发挥植物拓染创新面料的多彩纹理、艺术效果及优越的实用功能。

植物拓染与植物染色几乎是同宗同根，但以获得植物的颜色为主要目的植物染色不同的是，植物拓染在提取植物色素的同时基本保留植物的原生形态，因此将植物拓染称为“极致草木染”，以体现其独特的视觉审美情趣。植物拓染可以与天然织物产生效应并可以很好地融合在一起，植物的脉络形状及绚丽的色彩在天然织物上得到体现，富有自然情趣，植物拓染工艺给人以一种自然、田园的清新感受。

（2）植物拓染分类。叶、花、茎及果等通过敲拓、蒸煮的方式将植物的色彩形状拓印在织物上，既与传统植物染色一脉相承又适应当今人们的审美需求。植物拓染按工艺可分为敲拓染、蒸拓染、煮拓染。从课堂教学操作的实际情况考虑，本案例讲的主要是敲拓染。敲拓染是指通过外力敲击进行着色，由于人为操作无法完全保证受力均匀以及着力点准确，所以拓印出的纹样会呈现出一种斑驳感。而煮拓染、蒸拓染会在织物上印染出植物叶片的形态以及脉络，以植物影像式效果呈现。拓染所采用的染料均是未经研磨处理的自然植物叶片，由于植物叶片本身具有厚度以及突起的脉络纹理，可以在染色的同时在织物上留下草叶轮廓，同时突起的脉络纹理会形成天然的褶皱，形成凹凸的印痕。利用植物拓染这种工艺手法所制作的织物，由于其在制作过程中未大量使用媒染剂进行处理，织物保留着植物本身所具有自然清香的气味，使其更加自然、健康、绿色，同时也使植物拓染的产品有别于其他印染产品而更具有独特性。

（3）捶草拓画的意义。捶草拓画是中国传统染色技法植物拓染、拍染或捶染的延伸，随着绿色生态理念的发展，植物拓染在布艺产品中具有巨大的应用价值。目前，“低碳生活”“绿色设计”“可持续发展”等已成为全球瞩目的话题，人类社会正经历从工业文明到生态文明的过渡，人类在关注生产发展的同时，开始更多关注自身的活动对社会和生态环境所带来的影响。习近平总书记提出“绿水青山就是金山银山”，在生态社会的大背景下，如何解决生态环境保护和经济水平的增长之间的矛盾，人类对社会的可持续发展提出了迫切需求，不少发达国家和发展中国家以及国际组织，都先后开始在各个领域中探索可持续发展之道，而捶草拓画以它所特有的功能和特点，逐渐成为人们在生态纺织与生态染料上的关注重点，其在促进社会经济发展的同时也为生态文明建设做出了巨大贡献。捶草拓画工艺将大自然中自然生长的花、草、叶、茎转变为纺织品中的装饰图案，建立人与自然之间的联系。捶草拓画的纹样及其制作而成的作品不仅具有天然、温润的色彩，同时带有手工艺人与设计师在作品中寄予的执着精神和情感理念，将追求极致的工匠精神注入产品中。根据捶草拓画的名称与工艺手法可知，其拓染材料均来源于自然界中的植物，但由于自然界非人力所能控制，所以捶草拓画同时也受制于自然。季节、植物品种，以及叶片厚薄程度、水分和叶绿素含量的不同均会对中草药捶染纹样产生不同程度的影响，在这些因素的作用下，捶染的纹样效果可谓千变万化，形成了捶草拓画工艺所独有的艺术特色。

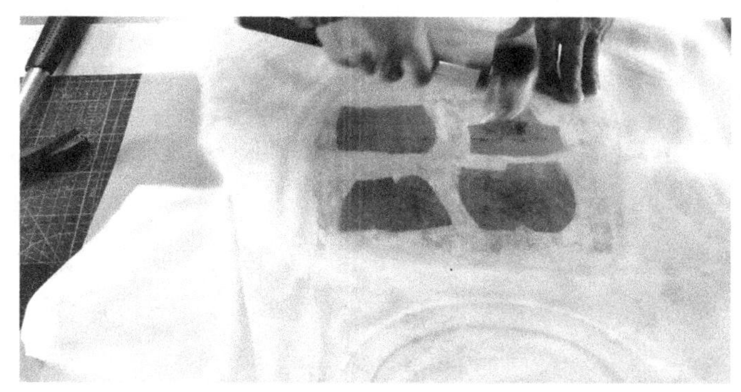

（4）捶草拓画植物材料选择。植物的叶片和花瓣，以及单宁酸丰富、柔韧性好的植物适合捶染。草质叶、纸质叶、肉质叶的叶片，红背桂花、长隔木、红花檵木等植物的叶片用清水浸泡 24 小时，敲拓染效果更佳。虽然质感较薄软、水分较多的嫩叶适合敲拓染，但是汁液也容易扩散，造成叶脉纹路模糊。有些植物的茎、果实及种子也是很好的捶草拓画材料。

（5）捶草拓画图案的设计式样。

第一种，方（或圆、心等）形框架式。用叶片和花瓣在 T 恤衫上敲拓出方（或圆、心等）图案。选取艾叶，叶片有裂齿呈卵形或者披针形状。将 T 恤衫平铺于桌面，选取合适位置进行设计，确定位置之后使用双面胶等材料将不需染色的部分进行遮挡。若图案设计为方形，则在 T 恤衫设定位置使用双面胶剪裁成方框进行防染；然后通过敲拓染的方法在方框中印染，染色完毕后取下防染双面胶，在 T 恤衫中呈现出由多个艾叶片组成的方形图案。通过这样的表现方式，不仅可以展现植物敲拓染本身的独特性，同时结合现代设计表现手法，可以使传统的印染手法焕发新的活力。

第二种，自由散点式。自由散点式的图案呈现出自然界的极致感官，利用植物最自然的状态进行设计表达，其无重复特性，是自由、散点式展开，变化不一，令人捉摸不定，也很难进行复制，更加体现植物敲拓染纹样的独特性。该类纹理在染前处理时，可随意地将植物叶片放置于面料之上进行敲拓染，得到的纹样自由奔放、野性十足，有一种原始、原生态的自然感，在服装面料图案设计中通常大面积运用，亦可结合面料的褶皱来增强其层次。

第三种，字符徽标式。把叶片裁剪成预先设计的字符徽标图案，根据构图需要摆放，然后进行敲拓，在T恤衫上留下了叶片的独特色彩和纹理，同时打破了叶片原有的形状，形成字符徽标特色图案。要创造出与众不同的图案效果，这就要求同学们对不同的叶片和花朵采用不同的手法所产生的效果了解得更加深入，结合自己的设计构想反复试验，从而减少“形”的表现而彰显“意”的表达，利用这样的装饰手法，给服饰设计带来丰富的意蕴以及无尽的遐想。

第四种，创意书画式。融合中国书画，利用植物的叶、花、果及枝梗等，敲拓染出“荷”“竹”“梅”“兰”“菊”等国画。例如，洋紫荆的叶片形状为广卵形至近圆形，宽度常超过长度，长5～9厘米，宽7～11厘米，基部浅至深心形，有时近截形，先端2裂达叶长的1/3，裂片阔，钝头或圆，两面无毛或下面略被灰色短柔毛。根据洋紫荆叶子的宽大并且叶脉粗的特点，还有就是虽然叶近革质，但敲拓印出的绿色明亮清新且不会有汁液扩散等问题，用此材料可敲拓染出一幅出水芙蓉荷花图，还可融合书法剪纸等技艺，敲拓染出画龙点睛的字句。

（四）捶草拓画操作工艺流程

采花草→选叶→摆形→夹布→捶打→清理草叶→媒染固色→洗涤→晾晒→制作成型，共9道程序。

（1）拾取叶片和花瓣置于清水之中清洗，擦干表面的水分。

（2）垫板放在最下面，上垫一层防水TPU面料，铺上穴位T恤衫，穴位

T恤衫内塞一块和衣服尺寸相近的防水TPU面料。将叶片和花朵按照敲拓图案的设计式样摆放于穴位T恤衫之上，初学者可用少量透明胶带固定叶片和花朵，目的是尽量避免植物的叶发生位移。上方再放置一张0.5毫米半透明TPU面料，目的是在敲击过程中减少震动和方便观察敲拓过程中植物叶片的状态。

（3）初学者最好先使用橡胶锤，因为橡胶的弹性可以防止植物材料被过度地击打而破坏。橡胶锤子敲击的力度要根据植物叶片的老嫩程度进行掌控；敲击的角度要竖直，橡胶锤子不可倾斜；依照先敲粗茎再敲细茎，先敲叶脉再敲叶肉的原则，直到茎叶上的汁液渗出来，叶脉纹路一点一点渗印到布料上，色素也慢慢地转移到布料上。叶片的每个部分都要敲击到位，叶柄、叶脉处可敲得稍重些。染色过程中要注意叶片和花瓣的汁液容易扩散，会导致印迹模糊不清。敲拓完成后，取走覆盖的TPU面料，轻轻取下叶片和花朵等。

（4）用水彩笔刷蘸明矾水描花叶画图案进行媒染固色，初学者可以在待固色布料下垫一块吸水棉布，并在涂抹固色剂的同时，用另一块棉布吸走多余的水分。固色完毕后将穴经T恤衫放置一天后，用清水洗净，晾干。经固色的穴位T恤衫，颜色相较于之前加深，并且经过皂洗手搓、水洗、机洗均未产生掉色现象。植物拓染的纺织品通过一定技术的处理，可以提升耐洗、耐水、耐光色牢度，从而达到《国家纺织产品基本安全技术规范》所规定的纺织服装产品色牢度标准。

（五）缝合T恤衫布料，缝制穴位布套及艾绒内胆

这道工艺就最能体现T恤衫的做工工艺水准，缝制过程又分开同、上领、打边等七个流程，每个技术流程都要求熟练操作完成，要求走线要平整、均匀、到位。

（1）首先把前后片的肩部正面与正面相对，为了对得比较齐准，初学者可用定位针珠固定后再缝合。

（2）缝制T恤衫针织面料的时候，选择的线迹须是直线且针脚密度适中。起头时扳起压脚提杆，让压脚提起，把布料放入压脚下面；降下压脚提杆，压脚压紧布料。按下电源开关，便可开始缝制，边缝合边把定位针珠拿掉，始终让压脚的外侧对着布边，这样缝好的缝份就同一宽度了。

（3）缝合袖子和衣身侧缝线。缝合袖子时，先把袖子对折，找出袖山中点，再把袖山中点处与肩部的缝制处对齐，然后向两边用定位针珠固定。要特别注意的是，袖口底部的两条缝线要尽量对齐，并用定位针珠固定。同样边缝合边时把定位针珠拿掉，始终让压脚的外侧对着布边。

（4）后整工艺不过关功亏一篑。经过前四个流程后，T恤衫基本成型。后整主要就是对衣服进整烫、剪线、折叠、包装等。要完成一件T恤衫的加工，每个过程有很多细节都要操作。

注意：T恤衫加工是一个技术性强的工作，每个操作的人必须专业专注，才能做好一件高品质的T恤衫。在T恤衫雏形的内侧神阙、大椎穴位置缝制直径6厘米的半月形胆套。精选本色纯棉布（或无纺布），裁剪缝制成直径5厘米半月形艾绒内胆，艾绒厚度0.5厘米。

（六）协同综合，部件组装，形成产品

内胆装进T恤衫的胆套内，即可制成产品。完成制作后，清洗整理劳动工具，并把劳动工具和剩余的原材料存放回储存柜内。

六、劳动效果的评价

（一）有效培养学生的劳动技能品质与创新精神

打破“次元壁”的高中项目劳动实践，从跨领域和跨文化的跨界视角，通过劳动主题产生，劳动任务设计，跨界知识融合，工具资源准备，劳动任

务实施到劳动价值评价的“六层递进”实施模式，实现完整的项目劳动。通过具体任务目标导向的项目化劳动，打破不同领域和文化之间的“次元壁”，有效培养高中学生的劳动技能、劳动品质与劳动精神。

（二）课后探究作业

（1）艾绒穴位（神阙、大椎）T 恤衫的袖子和衣身侧缝线的缝合，课后多练习几次。为你的家人或自己缝制一件艾绒穴位（神阙、大椎）T 恤衫。

（2）在光合作用下，植物可以产生叶绿素，所以常见的蔬菜中绿色的特别多。不过叶绿素在经过高温加热后容易氧化褪色，甚至变黑发黄。怎样解决中草药艾草染和捶草拓画的植物色素容易受到氧化而褪色问题?

（3）首先，在染色过程中会使用媒染剂，而媒染剂运用不当时面料上难免会出现一些污渍斑痕，若无法清除会导致大量的废品和残次品。其次，天然染料及产品的标准化问题，拓染工艺难于应用在大批量生产的成衣中，易产生同款不同色或不同花型的问题，无法达到质检所要求的统一标准。同时，敲拓染是将植物天然色素直接转移到面料中，因而不添加固色剂，所以不太适合制作衣物或需要经常洗涤的服饰品，更适合制作家装装饰品或文创类产品。写一篇 2000 字的小论文，论述一下植物敲拓染服装在未来的发展趋势，以及怎样结合科技的手段，开发出生态环保型的媒染剂。

南粤田野常见野菜识别、采摘及烹饪

一、劳动主题的生成

2021 年 1 月教育部制定并印发《革命传统进中小学课程教材指南》，对中小学生进行革命传统教育，植入红色基因，是贯彻党的教育方针、落实立德树人根本任务的需要，是增强学生对伟大祖国、中华民族、中华文化、中国共产党、中国特色社会主义认同的必然要求，对于传承革命文化和社会主义先进文化，培养德智体美劳全面发展的社会主义建设者和接班人具有重要意义。

长征，是中国革命史的光辉篇章，中华民族伟大复兴历史进程中的巍峨丰碑。“风雨浸衣骨更硬，野菜充饥志越坚。官兵一致同甘苦，革命理想高于天。”（肖华，《过雪山草地》）中国共产党领导的红军高举抗日救亡旗帜，粉碎上百万国民党军围追堵截，战胜无数艰难险阻，胜利完成举世闻名的万里长征，形成了伟大的长征精神。长征中，对于布满死亡陷阱的大草地，干粮吃完了，部队就开始吃野菜。刚开始吃野菜有很大风险，一不小心就会把有毒的野菜挖回来吃，结果不少战士中毒，上吐下泻，有的把命都搭进去。朱德知道后说：“不能让同志们什么草都吃，你们先把找来的草拿给我，我先尝尝，如果没有问题，你们再拿个草样子发下去，就不会出问题了。”他说自己小时候在老家经常挖野菜吃，多少比他们有经验，于是让警卫员把采回的十几样草样全部拿来。朱德根据经验挑了四五种，让煮了给他先尝。大家紧张地看着朱老总吃下野菜，一个晚上，警卫员谁也不敢睡觉，生怕朱老总有什么闪失。好不容易熬到清晨，朱老总起来，笑着对警卫员说：“小鬼，发个通知，告诉大家这几样草可以吃。”警卫员感动得眼泪都要流出来了，大家立刻拿着草样向后面的部队传递——这可是朱老总冒着生命危险挑选出来的“救命粮”啊！

今天我们一同学习“南粤田野常见野菜识别采摘及烹饪”，目的是探寻奋斗足迹，弘扬革命精神、长征精神。

二、劳动目标与任务

（一）提高学生的环境保护意识

广州市乃至广东省的群众对野菜的需求量非常大，让学生多了解一些野菜识别，以满足日常调理的需要。像土茯苓、地胆草等这些四十年前很常见的野菜，有些因商业价值高而被过度采挖，也有些因过量使用除草剂和外来物种薇甘菊等的入侵，导致现今难寻踪迹。因此，希望通过对本课程的学习，提高同学们的环境保护意识。

（二）让学生掌握野菜的识别技能

有许多植物虽然古人认为可食用，但随着科学的发展和研究的深入，被证实有毒。如蕨菜自古至今被人们长期食用，但近期研究发现有致癌作用。但也有人认为新鲜蕨菜含有致癌物质，不过在 70℃的高温下这种致癌物质就会自动分解；还有人认为新鲜蕨菜用草木灰或者碱水处理，会大大降低致癌物质原蕨苷的含量。

蕨菜中含原蕨苷等多种化学物质，传说中原蕨苷是厉害的致癌物。可是原蕨苷真的致癌吗？世界卫生组织属下的国际癌症研究机构（IARC）在 1987 年把原蕨苷列为第 3 类致癌物（无法归类），即缺乏该物质对人类或实验动物致癌的证据，与它为同一分类的还有我们生活中经常接触的茶与咖啡等。而蕨菜被列为 2B 类（可能对人类致癌），即该物质对人类致癌的证据有限，对实验动物致癌的证据也不充足，泡菜也同为 2B 类。其实，食物致癌的风险在于长期、大量地消费某些食物，而长期大量偏食先不说癌症，其本身就违背饮食均衡原则，并不健康。那么我们应该怎么做？首先不宜过量进食蕨菜；其次食用时，要用大量的水煮嫩蕨菜 15 分钟，由于原蕨苷是一种水溶性较高的化学物，所以要倒掉煮蕨菜的水。

（三）学会区分野菜和毒菜

在形形色色的野菜里，混迹着一些外形与可以食用的普通野菜非常相似并且有毒的“杀手”。不小心将那些“毒菜”与可食的蔬菜相混淆，将会导致食物中毒，严重者还会出现生命危险。

例如，把泽漆当成马齿苋。马齿苋是一种较为常见的野菜，具有较高的营养价值，但是马齿苋和泽漆的外观如果不仔细辨别，很容易混淆。泽漆全株都有毒，它的汁是乳白色的，如果误食，会对口腔和消化道黏膜产生影响，造成发炎、充血、糜烂等，在人体则表现为恶心呕吐、腹部灼痛、水样腹泻、脱水及酸中毒等。

又如，芋头是常见蔬菜之一，而海芋与芋头都是天南星科海芋属植物，海芋别名滴水芋、尖尾野芋头（广东广州）、狼毒（广东、福建）等，因开花似观音，潮湿环境常沿叶缘滴水而得名滴水观音（商品名）。海芋球茎及叶有药用价值，多用作观赏。海芋全株有毒，根茎毒性大，含结晶性海芋素、皂素毒苷、草酸钙和植物甾醇等，接触皮肤可出现红肿、瘙痒、疼痛，甚至全身症状；接触眼部可引起结膜炎，严重者失明；误食可致流涎、麻木、胃烧灼感、恶心、呕吐、腹痛、腹泻，甚至肝肾功损害、窒息、心衰等。误食海芋无特效解毒剂，院外可使用食醋加生姜水漱口、催吐，并立即送医。

三、跨界融通的野菜识别知识

（一）与地理国家课程的融合

人教版 2019 地理国家课程必修第一册第五章《植被与土壤》第一节植被、第二节土壤，并结合《普通高中地理课程标准（2017 年版 2020 年修订）》内容要求：1.9 通过野外观察或运用土壤标本，说明土壤的主要形成因素；1.10 通过野外观察或运用视频、图像，识别主要植被，说明其与自然环境的关系。

（二）与生物学国家课程的融合

根据《普通高中生物学课程标准（2017 年版 2020 年修订）》模块 2《生物与环境》2.1.4 描述群落具有垂直结构和水平结构等特征，并可随时间而改变。选修课程“现实生活应用”的“7. 地方特色动植物研究”模块开设建议：课程内容可以包括当地动植物的分类。

四、资源与工具准备

我国常见野菜有 100 多种，多年来人们习惯食用的有 20 多种。药用野菜是自然资源之一，生长在空气清新、土壤肥沃的荒野中，一直是人们调换口味的特殊菜肴。由于人们认识上的不足，历史上对药用野菜的开发利用，可以说一直未得到足够的重视。年复一年春草绿，岁月更迭秋草黄，药用野菜也不得不混迹野草中，自生自灭，无人问津。目前，随着科学技术的发展和生物研究的深入，人们生活水平的提高，保健意识的增强，药用野菜越来越受到人们的重视和关注。它不但营养丰富，洁净无公害，而且具有较高的药用价值，备受青睐。下面是常见的 22 种野菜识别、采摘及烹饪方法。

（一）车前

【识别】二年生或多年生草本。须根多数。根茎短，稍粗。叶基生呈莲座状，平卧、斜展或直立；叶片薄纸质或纸质，宽卵形至宽椭圆形，长 4 ～ 12 厘米，宽 2.5 ～ 6.5 厘米，先端钝圆至急尖，边缘波状、全缘或中部以下有锯齿、牙齿或裂齿，基部宽楔形或近圆形。穗状花序细圆柱状，长 3 ～ 40 厘米，紧密或稀疏，下部常间断；蒴果纺锤状卵形、卵球形或圆锥状卵形，长 3 ～ 4.5 毫米，于基部上方周裂。

【分布】全国各地。

【药用】夏秋季种子成熟时采收果穗，晒干搓出种子，除去杂质。种子味甘，有清热利尿通淋、渗湿止泻、明目、祛痰功效。

【食用】口感一般，现今作蔬菜食用不普遍。未开花前采集幼苗，去根洗净，用沸水焯熟，再用清水浸洗，可凉拌、炒食、做馅、做汤、蘸酱食。

（二）刺苋

【识别】一年生草本，高 30 ～ 100 厘米；茎直立，圆柱形或钝棱形，多分枝，有纵条纹，绿色或带紫色，无毛或稍有柔毛。叶片菱状卵形或卵状披针形，长 3 ～ 12 厘米，宽 1 ～ 5.5 厘米，顶端圆钝，具微凸头，基部楔形，全缘；叶柄长 1 ～ 8 厘米，无毛，在其旁有 2 刺。圆锥花序腋生及顶生，长 3 ～ 25 厘米；苞片在腋生花簇及顶生花穗的基部者变成尖锐直刺，长 5 ～ 15 毫米。花果期 7—11 月。

【分布】陕西、河南、安徽、江苏、浙江、江西、湖南、湖北、四川、云南、贵州、广西、广东、福建、台湾。生长于旷地或园圃的杂草。

【药用】全草供药用，春、夏、秋三季均可采收全草或根，鲜用或晒干，有清热解毒、散血消肿的功效。

【食用】方法一：嫩茎叶可作蔬菜食用。方法二：刺苋菜头煲鲫鱼。原料：刺苋菜头 8 两，薏米 1 两，鲫鱼一条（8 两～ 1 斤），猪骨两小块，蜜枣两枚，姜、陈皮少量。做法：先将刺苋菜头洗干净，鲫鱼、菜头和猪骨都要“飞水”（用水稍微煮熟，滤去水分），薏米用清水浸泡 30 ～ 60 分钟。然后开锅下油，把鲫鱼整条煎香。接着把之前准备好的原料一起放进瓦煲里煲煮 30 分钟左右即可。

（三）地胆草

【识别】根状茎平卧或斜升，具多数纤维状根；茎直立，高 20 ～ 60 厘米，密被白色贴生长硬毛；基部叶花期生存，莲座状，匙形或倒披针状匙形；茎叶少而小，倒披针形或长圆状披针形，向上渐小，全部叶上面被疏长糙毛，下面密被长硬毛和腺点；花 4 个，淡紫色或粉红色花冠长 7 ～ 9 毫米，管部长 4 ～ 5 毫米；瘦果长圆状线形，长约 4 毫米。花期 7—11 月。

【分布】浙江、江西、福建、台湾、湖南、广东、广西、贵州及云南等省区。常生长于空旷山坡、路旁，或山谷林缘。

【药用】全草入药，有清热解毒、消肿利尿之功效，治感冒、菌痢、胃肠炎、扁桃体炎、咽喉炎、肾炎水肿、结膜炎、疖肿等症。

【食用】洗净带根全草，加瘦猪肉（或鸡肉、鸭肉）同炖，煲成汤药膳。

（四）白花鬼针草

【识别】一年生草本，茎直立，高 30 ～ 100 厘米，中部叶具长 1.5 ～ 5 厘米无翅的柄，三出，小叶 3 枚，很少为具 5（～ 7）小叶的羽状复叶，两侧小叶椭圆形或卵状椭圆形，先端锐尖，基部近圆形或阔楔形，有时偏斜，不对称，具短柄，边缘有锯齿、顶生小叶较大，长椭圆形或卵状长圆形，先端渐尖，基部渐狭或近圆形。头状花序边缘具舌状花 5 ～ 7 枚，舌片椭圆状倒卵形，白色，先端钝或有缺刻。

【分布】全国大部分地区。多生长于村旁、路边及荒地中。

【药用】在夏、秋季开花盛期，收割地上部分，鲜用或晒干。味苦，为我国民间常用草药，有清热解毒、散瘀活血的功效，主治上呼吸道感染、咽喉肿痛、急性阑尾炎、急性黄疸型肝炎、胃肠炎、风湿关节疼痛、疟疾，外用治疮疖、毒蛇咬伤、跌打肿痛。

【食用】口感一般，现今作蔬菜食用不普遍。4—5 月采集幼苗、嫩叶，用沸水焯熟，再用清水浸泡，可炒食、凉拌、做汤。

（五）菝葜

【识别】攀援灌木；根状茎粗厚，坚硬，为不规则的块状。茎疏生刺；叶片薄革质或坚纸质，圆形、卵圆形或其他形状。几乎都有卷须，少有例外，脱落点位于靠近卷须处。伞形花序生于叶尚幼嫩的小枝上，具十几朵或更多的花，常呈球形；花绿黄色。浆果熟时红色，有粉霜。花期 2—5 月，果期 9—11 月。

【分布】山东（山东半岛）、江苏、浙江、福建、台湾、江西、安徽（南部）、河南、湖北、四川（中部至东部）、云南（南部）、贵州、湖南、广西和广东（海南岛除外）。生长于海拔 2000 米以下的林下、灌丛中、路旁、河谷或山坡上。

【药用】2 月或 8 月采挖根茎，除去泥土及须根，晒干。有祛风利湿、解毒消痈的功效。有些地区作把菝葜当土茯苓或萆薢混用，也有祛风活血作用。

【食用】春季采集未开花的嫩茎叶，用沸水焯熟，再用清水浸泡去异味，可凉拌、炒食、做汤。根状茎可以用来酿酒。

（六）黄鹌菜

【识别】一年生草本，高 10 ～ 100 厘米。根垂直直伸，生多数须根。茎直立，单生或少数茎成簇生，粗壮或细，顶端伞房花序状分枝或下部有长分枝。基生叶全形倒披针形、椭圆形、长椭圆形或宽线形，大头羽状深裂或全裂，极少有不裂的。头花序含 10 ～ 20 枚舌状小花，少数或多数在茎枝顶端排成伞房花序，花序梗细。花果期 4—10 月。

【分布】全国大部分地区。大量生长于山坡、山谷及山沟林缘、林下、林间草地及潮湿地、河边沼泽地、田间与荒地上。

【药用】全草或根，春、秋采收。有清热、解毒、消肿、止痛之功效，主治感冒、咽痛、乳腺炎、结膜炎、疮疖、尿路感染、风湿关节炎等症。

【食用】黄鹌菜有苦味，口感一般，现今作蔬菜食用不普遍。《植物名实图考》一书中说："此草（黄鹌菜）与荠苣齐生，而味肥俱不如，彼为膏粱，此为草芥矣！剪以饲鹅，盖鸡鹜不与争焉。"

食用时用盐水泡一下，再用沸水焯一下，可以去除苦味。花蕾连梗采下，可切段腌制成泡菜。

（七）火炭母

【识别】多年生草本，基部近木质。根状茎粗壮。茎直立，高 70 ～ 100 厘米。叶卵形或长卵形，顶端短渐尖，基部截形或宽心形，边缘全缘，两面无毛，有时下面沿叶脉疏生短柔毛，下部叶具叶柄，叶柄长 1 ～ 2 厘米，通常基部具叶耳，上部叶近无柄或抱茎；托叶鞘膜质，无毛，长 1.5 ～ 2.5 厘米，具脉纹，顶端偏斜，无缘毛。花序头状，通常数个排成圆锥状，顶生或腋生；花被 5 深裂，白色或淡红色；果呈肉质，蓝黑色。花期 7—9 月，果期 8—10 月。

【分布】陕西南部、甘肃南部、华东、华中、华南和西南。生长于湿地、水边。

【药用】根状茎供药用，有清热解毒、散瘀消肿、平肝明目的功效。

【食用】口感一般，现今作蔬菜食用不普遍。春天采集幼嫩苗，用沸水焯熟，再用清水浸洗，可炒食、凉拌。

（八）积雪草

【识别】多年生草本，茎匍匐、细长，节上生根。叶片膜质至草质，圆形、肾形或马蹄形，长 1 ～ 2.8 厘米，宽 1.5 ～ 5 厘米，边缘有钝锯齿，基部阔心形。伞形花序梗 2 ～ 4 个。花果期 4—10 月。

【分布】陕西、江苏、安徽、浙江、江西、湖南、湖北、福建、台湾、广东、广西、四川、云南等省区。生长于阴湿的草地或水沟边。

【药用】全草入药，夏、秋二季采收全草，除去杂质，晒干。有清热利湿、消肿解毒，治痧氙腹痛、暑泻、痢疾、湿热黄疸、砂淋、血淋，吐血、咳血、目赤、喉肿、风疹、疥癣、疔痈肿毒、跌打损伤等功效。

【食用】口感一般，现今作蔬菜食用不普遍。四季皆可采集嫩茎叶，口感一般。于沸水中煮 5 ～ 10 分钟，再用清水浸洗，挤去汁液，可炒食。

（九）荠

【识别】一年或二年生草本，高 10 ～ 50 厘米；茎直立，单一或从下部分枝。基生叶丛生呈莲座状，大头羽状分裂，长可达 12 厘米，宽可达 2.5 厘米，顶裂片卵形至长圆形，顶端渐尖，浅裂、或有不规则粗锯齿或近全缘，叶柄长 5 ～ 40 毫米；茎生叶窄披针形或披针形。总状花序顶生及腋生；花瓣白色，卵形。短角果倒三角形或倒心状三角形。花果期 4—6 月。

【分布】全国大部分地区。野生，偶有栽培。生长于山坡、田边及路旁。

【药用】全草入药，春季采集带根全草，晒干或生用均可。有利尿、止血、清热、明目、消积等功效。

【食用】方法一：采摘未开花茎叶作蔬菜食用，味道鲜美。方法二，荠菜炖猪骨汤：采摘已开花荠菜全草，猪骨750克。将猪骨放入锅里，加入凉水，放在大火上烧开，水开后保持3～5分钟，血水和杂质就都煮出来了；倒掉锅里的水，同时将飞过水的猪骨用温水清洗干净，再换一锅清水，水量要足（因为炖汤的中途不能再临时加水），丢几个葱白段和生姜片进去，起到去腥增香的作用；炖40分钟后，将洗净荠菜丢入锅中，继续炖20分钟后，加入适量盐，关火。方法三，荠菜饺：面粉500克，荠菜600克，虾皮50克，精盐、酱油、葱花、豆油、香油适量，拌匀成馅。将面粉用水和成软硬适度的面团，揉匀搓成长条，切成小面剂，擀成饺子皮，包馅成生饺，下沸水锅煮熟。

（十）苦苣菜

【识别】一年生或二年生草本。茎直立，单生，高40～150厘米。基生叶羽状深裂，全形长椭圆形或倒披针形，全部基生叶基部渐狭成长或短翼柄。头状花序少数在茎枝顶端排紧密的伞房花序或总状花序或单生茎枝顶端。舌状小花多数黄色，瘦果褐色。花果期5—12月。

【分布】全国大部分地区。生长于山坡或峪林缘、林下或平地田间、空旷处或近水处，海拔 170 ～ 3200 米。

【药用】春季开花前连根拔起全草，洗净，晒干。有清热解毒、利湿排脓、凉血止血的功效。

【食用】苦苣菜味苦，采摘嫩苗或嫩茎叶，用沸水焯熟，再用清水漂洗，可炒食、凉拌或煮粥。

（十一）鳢肠

【识别】一年生草本。茎直立、斜升或平卧，高达 60 厘米，通常自基部分枝，被贴生糙毛。叶长圆状披针形或披针形，无柄或有极短的柄，长 3 ～ 10 厘米，宽 0.5 ～ 2.5 厘米，顶端尖或渐尖，边缘有细锯齿或有时仅波状，两面被密硬糙毛。头状花序径 6 ～ 8 毫米，有长 2 ～ 4 厘米的细花序梗；总苞球状钟形，总苞片绿色，草质,5 ～ 6 个排成 2 层，长圆形或长圆状披针形，外层较内层稍短，背面及边缘有白色短伏毛；外围的雌花有 2 层，舌状，长 2 ～ 3 毫米，舌片短，顶端 2 浅裂或全缘，中央的两性花多数花冠管状，白色，长约 1.5 毫米，顶端 4 齿裂；花柱分枝钝，有乳头状突起；花托凸，有披针形或线形的托片。托片中部以上有微毛；瘦果暗褐色，长 2.8 毫米，雌花的瘦果三棱形，两性花的瘦果扁四棱形，顶端截形，有 1 ～ 3 个细齿，基部稍缩小，边缘有白色的肋，表面有小瘤状突起，无毛。花期 6—9 月。

【分布】全国大部分地区。生长于河边、田边或路旁。

【药用】全草晒干入药，有凉血、止血、强壮的功效。

【食用】口感一般，现今作蔬菜食用不普遍。6—8 月采集未开花嫩茎叶，去杂洗净，口感一般。用沸水烫 3 ～ 5 分钟，清水漂洗，可炒食、凉拌、腌咸菜、晒干菜。

（十二）龙葵

【识别】一年生直立草本，高 0.25 ～ 1 米，茎无棱或棱不明显，绿色或紫色，近无毛或披微柔毛。叶卵形，先端短尖，基部楔形至阔楔形而下延至叶柄，全缘或每边有不规则的波状粗齿。蝎尾状花序腋外生，花冠白色。球形浆果，未成熟时淡绿色，熟时黑色。花果期 9—10 月。

【分布】全国大部分地区。生长于田边、荒地及村庄附近。

【药用】全株入药，夏、秋季采收全草，鲜用或晒干，可散瘀消肿、清热解毒。

【食用】龙葵嫩茎叶味道甘甜，在广东增城称白花菜，是朱村镇当地农庄的特色菜。采集未开花嫩茎叶，去杂洗净，用沸水烫 3 ～ 5 分钟，清水漂洗，可炒食、凉拌。例如，上汤龙葵的制作。材料：龙葵嫩茎叶 250 克、瘦肉适量、皮蛋一个、大蒜适量。调味料：盐、酱油。制作步骤：把龙葵嫩茎叶择洗干净，把瘦肉剁成肉末，加入少许的香油、盐抓匀，把皮蛋切成小丁备用。热锅起油，把蒜末爆香后加入瘦肉末翻炒，然后倒入两碗水煮开；倒入皮蛋，继续煮两分钟，加适量盐、酱油调味；倒入龙葵，煮熟即可。

（十三）马齿苋

【识别】一年生草本，全株无毛。茎平卧或斜倚，伏地铺散，多分枝，圆柱形，淡绿色或带暗红色。叶互生，有时近对生，叶片扁平，肥厚，倒卵形，似马齿状，顶端圆钝或平截，有时微凹，基部楔形，全缘，上面暗绿色，下面淡绿色或带暗红色，中脉微隆起；叶柄粗短。花小，黄色。花期 5—8 月，果期 6—9 月。

【分布】全国大部分地区。性喜肥沃土壤，耐旱亦耐涝，生命力强，生长于菜园、农田、路旁，为田间常见杂草。

【药用】全草供药用，采收后晒干，有清热利湿、解毒消肿、消炎、止渴、利尿的功效。

【食用】嫩茎叶可作蔬菜，味酸。用沸水焯熟，再用清水漂洗，可炒食或凉拌。例如，火脚丝拌马齿苋。制作方法：马齿苋嫩茎叶 300 克，金华火脚丝 100 克，精盐、蒜泥、香油各适量。洗净马齿苋嫩茎叶后，入沸水焯透捞出，用清水多次洗净黏液，切段放入盘中，将金华火脚丝、精盐、蒜泥放在马齿苋上，淋上香油，拌匀即成。

（十四）白花蛇舌草

【识别】一年生无毛纤细披散草本，高 20 ～ 50 厘米；茎稍扁，从基部开始分枝。叶对生，无柄，膜质，线形，顶端短尖，边缘干后常背卷，上面光滑，下面有时粗糙。花 4 数，单生或双生于叶腋；花冠白色，管形。蒴果膜质，扁球形。花期春季。

【分布】广东、香港、广西、海南、安徽、云南等省区。多见于水田、田埂和湿润的旷地。

【药用】据《广西中药志》记载全草入药，内服治肿瘤、蛇咬伤、小儿疳积；外用主治泡疮、刀伤、跌打等症。

【食用】全年采收地上部分，制作广东凉茶。

（十五）水田碎米荠

【识别】多年生草本，高 30 ～ 70 厘米，无毛。根状茎较短，丛生多数须根。茎直立，不分枝。茎生叶无柄，羽状复叶，小叶 2 ～ 9 对，顶生小叶大，圆形或卵形，顶端圆或微凹，基部心形、截形或宽楔形，边缘有波状圆齿或近于全缘，侧生小叶比顶生小叶小，卵形、近圆形或菱状卵形，边缘具有少数粗大钝齿或近于全裂，基部两侧不对称，楔形而无柄或有极短的柄，着生于最下的1对小叶全缘，向下弯曲成耳状抱茎。总状花序顶生，花梗长5～20毫米，花瓣白色，倒卵形，长约8毫米。长角果线形，长2～3厘米，宽约2毫米。花期4—6月，果期5—7月。

【分布】广东、黑龙江、吉林、辽宁、河北、河南、安徽、江苏、湖南、江西、广西等省区。生长于水田边、溪边及浅水处。

【药用】春季采集，洗净，晒干或鲜用。具有清热去湿、凉血调经、明目去翳的功效。

【食用】幼嫩的茎叶可供食用，味甘、微辛。用沸水焯熟，再用清水漂洗，可炒食或凉拌。

（十六）雾水葛

【识别】多年生草本；茎劝立或渐升，高12～40厘米，不分枝，通常在基部或下部有1～3对对生的长分枝，枝条不分枝或有少数极短的分枝。叶全部对生，或茎顶部的对生；叶片草质，卵形或宽卵形。团伞花序通常两性，直径1～2.5毫米。瘦果卵球形，长约1.2毫米，淡黄白色，上部褐色，或全部黑色，有光泽。花期秋季。

【分布】云南南部和东部、广西、广东、福建、江西、浙江西部、安徽南部（黄山）、湖北、湖南、四川、甘肃南部。生长于平地的草地上或田边，

丘陵或低山的灌丛中或疏林中、沟边。

【药用】雾水葛的全草或者带根全草，全年都可以采收，收取以后晒干入药或者鲜用都可以。具有清热解毒、消肿、利水通淋的功效。

【食用】洗净带根全草，加瘦猪肉同煮，煲成汤药膳。

（十七）野茼蒿

【识别】直立草本，高 20 ～ 120 厘米，茎有纵条棱，无毛。叶膜质，椭圆形或长圆状椭圆形，顶端渐尖，基部楔形，边缘有不规则锯齿或重锯齿，或有时基部羽状裂，两面无或近无毛。头状花序数个在茎端排成伞房状，花冠红褐色或橙红色。瘦果狭圆柱形，赤红色，有肋；冠毛极多数白色，绢毛状，易脱落。花期 7—12 月。

【分布】海南、江西、福建、湖南、湖北、广东、广西、贵州、云南、四川、西藏等省区。山坡路旁、水边、灌丛中常见，是一种在泛热带广泛分布的杂草。

【药用】全草入药，夏季采收，鲜用或晒干。具有健脾、消肿之功效，治消化不良、脾虚浮肿等症。

【食用】未开花前嫩叶是一种味美的野菜。用沸水焯熟，凉拌、炒食。例如，野茼蒿拌豆腐。制作方法：野茼蒿嫩茎叶 250 克，豆腐 1 盒，精盐、香油、米醋各适量。将野茼蒿去除杂质洗净，入沸水锅内焯透，捞出洗净，挤干水分，切碎，放入盘内，加入香油、精盐、米醋拌匀。锅置中火上，放油烧至五成热时，倒入豆腐，稍加些精盐略煮，盛入碗中，将茼蒿末倒入，拌匀即可。

（十八）一点红

【识别】一年生直立草本，根垂直。茎直立或斜升，高 25 ～ 40 厘米，稍弯，通常自基部分枝，灰绿色，无毛或被疏短毛。叶质较厚，下部叶密集，大头羽状分裂，顶生裂片大，宽卵状三角形，顶端钝或近圆形，具不规则的齿，侧生裂片通常 1 对，长圆形或长圆状披针形，顶端钝或尖，具波状齿，上面深绿色，下面常变紫色。头状花序，小花粉红色或紫色，具 5 深裂瘦果圆柱形，长 3 ～ 4 毫米，具 5 棱，肋间被微毛；冠毛丰富，白色，细软。花果期 7—10 月。

【分布】云南、贵州、四川、湖北、湖南、江苏、安徽、广东、海南、福建、台湾等省区。常生长于山坡荒地、田埂、路旁。

【药用】全草药用，全年均可采收，鲜用或晒干。具有消炎、止痢等功效。

【食用】味苦微辛，口感一般，现今作蔬菜食用不普遍。春季采集嫩茎叶，用沸水焯熟，再用清水浸洗，可炒食、做汤、凉拌。

（十九）蕺菜

【识别】腥臭草本，高 30 ～ 60 厘米；茎下部伏地，节上轮生小根，上部直立，无毛或节上被毛，有时带紫红色。叶薄纸质，有腺点，背面尤甚，卵形或阔卵形，顶端短渐尖，基部心形，两面有时除叶脉被毛外余均无毛，背面常呈紫红色。花白色。花期 4—7 月。

【分布】全国广布。生长于沟边、溪边或林下湿地上。

【药用】全株晒干入药。具有清热、解毒、利水的功效。

【食用】嫩根茎有鱼腥气，味涩，可少量食用。于沸水中焯 10 分钟，再清水浸洗数次，可炒食或凉拌。我国西南地区人民常作蔬菜或调味品。

（二十）酢浆草

【识别】草本，高 10 ～ 35 厘米。根茎稍肥厚。茎细弱，多分枝，直立或匍匐，匍匐茎节上生根。叶基生或茎上互生；托叶子，长圆形或卵形。花单生或数朵集为伞形花序状，腋生，总花梗淡红色，与叶近等长；花瓣 5，黄色，长圆状倒卵形。花、果期 2—9 月。

【分布】全国广布。生长于山坡草池、河谷沿岸、路边、田边、荒地或林下阴湿处等。

【药用】全草入药，夏、秋季采收，鲜用或晒干。具有解热利尿、消肿散瘀的功效。

【食用】味酸，可少量食用，口感一般，现今作蔬菜食用不普遍。春、夏季采集嫩茎叶，用沸水焯熟，再用清水浸泡，可凉拌、炒食、做汤。

（二十一）苎麻

【识别】亚灌木或灌木，高 0.5 ～ 1.5 米；茎上部与叶柄均密被开展的长硬毛和近开展和贴伏的短糙毛。叶互生；叶片草质，通常圆卵形或宽卵形，少数卵形，顶端骤尖，基部近截形或宽楔形，边缘在基部之上有牙齿，上面稍粗糙，疏被短伏毛，下面密被雪白色毡毛。圆锥花序腋生，或植株上部的为雌性，其下的为雄性，或同一株的全为雌性，长 2 ～ 9 厘米。瘦果近球形，光滑，基部突缩成细柄。花期 8—10 月。

【分布】云南、贵州、广西、广东、福建、江西、台湾、浙江、湖北、四川，以及甘肃、陕西、河南南部等地。生长于山谷林边或草坡。

【药用】冬、春季采挖根和根茎，洗净，晒干，切段生用。根为利尿解热药，并有安胎作用；叶为止血剂，治创伤出血。

【食用】嫩叶可养蚕，作饲料。冬季挖根，刮洗去皮，可煮食。秋季采集嫩叶，洗净，用沸水焯熟，可与米、面搭配制作糕点。

（二十二）紫花地丁

【识别】多年生草本，无地上茎，高 4 ～ 14 厘米。叶多数基生，莲座状；叶片下部者通常较小，呈三角状卵形或狭卵形，上部者较长，呈长圆形、狭

卵状披针形或长圆状卵形，先端圆钝，基部截形或楔形，稀微心形，边缘具较平的圆齿。花中等大，紫堇色或淡紫色，稀呈白色，喉部色较淡并带有紫色条纹；花瓣倒卵形或长圆状倒卵形，侧方花瓣长 1 ～ 1.2 厘米，里面无毛或有须毛，下方花瓣连距长 1.3 ～ 2 厘米，里面有紫色脉纹。蒴果长圆形长 5 ～ 12 毫米，无毛。花果期 4 月中下旬至 9 月。

【分布】全国大部分地区。生长于田间、荒地、山坡草丛、林缘或灌丛中。在庭园较湿润处常形成小群落。

【药用】全草入药，春、秋季采收，晒干。具有清热解毒、凉血消肿的功效。

【食用】嫩叶可作野菜。采集未开花嫩苗，用沸水焯熟，再用清水漂洗，可凉拌、炒食。

五、劳动任务的实施

（一）野菜识别与采摘项目劳动材料和工具的准备

记录纸、签字笔、放大镜、野菜形态图谱；箩筐、大小锄头等劳动工具，太阳帽等。

（二）学会通过检索图识别常见野菜

1. 直立草本常见野菜检索

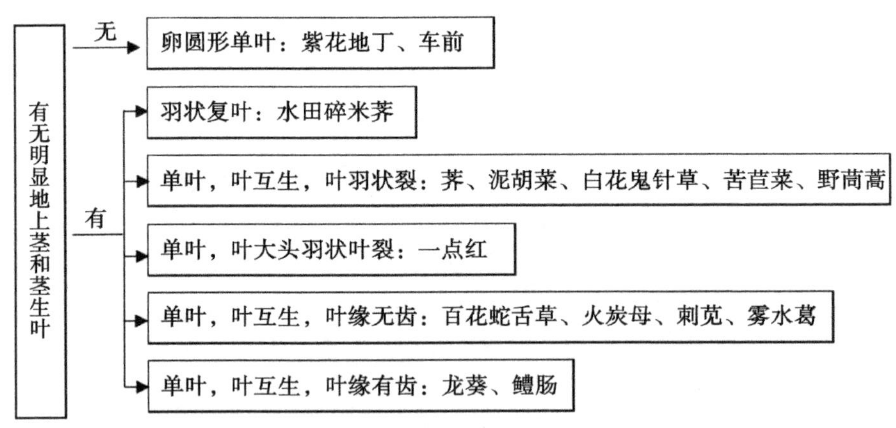

2. 藤蔓类和葡匐类常见野菜检索

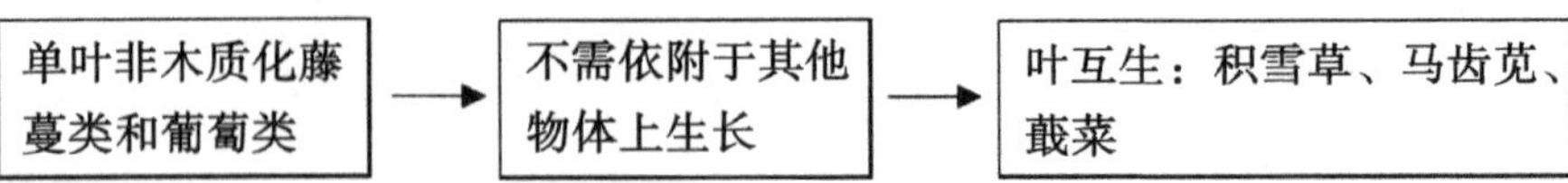

3. 灌木类常见野菜检索

灌木类常见野菜，单叶，叶互生，叶缘有齿：苎麻。

（三）观察区分野外形态相近野菜

根据植物形态图及观察实物区分野外（或校园）常见形态相近似野菜，并寻找出本课例列举的 22 种野菜。把学生分为 4 人一组，在本小组内确定组长、观察员、查阅员和记录员，既分工明确，又团结合作，共同完成本次活动。设计调查记录表，由调查组统计数据、收集资料，教师跟踪指导。

（四）实践掌握野菜的基本烹饪方法

随着人们生活水平的提高，保健意识的增强，药用野菜越来越受到大众的重视和关注，并且可以根据个体的口味选择特殊菜肴。这些野菜不但营养丰富，洁净无公害，而且具有较高的药用价值。在生活实践中学会并掌握以上 22 种野菜的识别、采摘及烹饪技能与方法。

六、劳动效果的评价

（一）能够初步学会野菜识别的基础知识

本劳动课把南粤常见的 22 种野菜按功能分类，从形态特征、生态特征以及药食功能等方面分类识别野菜，有效普及了生物多样性的科学知识，引导学生亲近大自然，形成生态环境的保护意识。培养了观察、发现、求证的科学素养，并提高了合作组织能力和劳动实践能力。

（二）能够初步掌握野菜识别的基本方法

学会野外生存识野菜。在野外如何就地取材，保障基本的进食，这既是保持体力的需要，也是完成任务的需要。食用过程中，也要注意根据人的年龄、体质等因人制宜。如脾胃阳虚有寒者，不宜过多食用性寒的野菜。

注意有污染的野菜不能吃。生长在工厂、铁路、公路附近，垃圾场周围，被污染的河水、池塘附近的野菜，极容易被污染，所含的病原微生物比较高，重金属等含量超标，容易引发中毒。所以，生长在这些地方的野菜不能采集食用。受污染的野菜不可采摘和食用。野菜也并非完全绿色环保，城市绿地里偶尔生长出的野菜大多被汽车尾气、除虫剂等污染过；生长在垃圾堆或者肮脏的河道附近的野菜也会被污染；郊外化工厂等附近空气不佳，生长的野菜容易吸收化学物质。因此，采集野菜最好去远离市区、环境干净、空气清新的野外，但公园、景区内的野菜不能采摘，山坡、荒地处也要注意看是否有采摘指示牌。此外，毫无识别经验者千万不要擅自采野菜，特别是不认识的野菜不要吃，以免误食中毒。

（三）课后的深化探究实践活动

1. 中国共产党领导下的革命，既是中华民族从站起来、富起来到强起来的伟大飞跃，又是中华民族一代又一代对美好生活的不懈追求和奋斗。党在长期奋斗历程中，敢于面对各种困难、挑战，敢于担当，砥砺奋进，培育形成了一系列崇高精神品质和人格风范，是中国共产党性质、宗旨和中国共产党人思想品德、英雄气概的具体体现，对于推动中国革命、建设、改革事业的发展发挥了不可替代的重要作用。当年红军在井冈山，由于粮食匮乏常上山挖野菜充饥，所以把紫背天葵等野菜叫“红军菜”；革命菜指野茼蒿，在革命战争时期，粮食资源十分缺乏的状态下吃过的野菜。野茼蒿在南粤很常见，识别采摘野茼蒿，在具备采食野菜经验的成年人指导下，可试试做一道野茼蒿菜。

2. 通过学习本课例，使学生从小植入红色基因，继承弘扬革命传统。全面贯彻党的教育方针，落实立德树人根本任务，是增强学生对伟大祖国、中华民族、中华文化、中国共产党、中国特色社会主义认同的必然要求，对于传承革命文化和社会主义先进文化，培养德智体美劳全面发展的社会主义建设者和接班人具有重要意义。写一篇 800 字的心得体会。

参考文献

[1] 杨伯峻．论语译注 [M]. 北京：中华书局，2006.

[2] 增城市旅游局．最美荔乡 [M]. 广州：广东旅游出版社，2011.

[3] 黄明同．湛若水 [M]. 广州：广东人民出版社，2010.

[4] 莫日芬，岭南文库编辑委员会，广东中华民族文化促进会．广东客家山歌 [M]. 广州：广东人民出版社，2007.

[5] 丁鼎，郭善兵，薛立芳． 和谐共存之道——儒家礼乐文化 [M]. 济南：山东教育出版社，2012.

[6] 丘桓兴．客家人与客家文化 [M]. 北京：中国国际广播出版社，2011.

[7] 王纬．校本课程开发的理念与实践 [M]. 兰州：甘肃人民出版社，2008.

[8] 李如密．儒家教育理论及其现代价值 [M]. 北京：中华书局，2011.

[9] 郭声健 等．音乐教育新概念 [M]. 长沙：湖南文艺出版社，2007.

[10] 广东省教育厅．广东省基础教育地方课程纲要汇编 [M]. 广州：广东高等教育出版社，2012.

[11] 房林玉．学校课程规划研究 [M]. 北京：中央编译出版社，2011.

[12] 顾明远，石中英．《 国家中长期教育改革和发展规划纲要（2010—2020 年）》解读 [M]. 北京：北京师范大学出版社，2010.

[13] 中共中央马克思恩格斯列宁斯大林著作编译局．马克思恩格斯文集（第 5 卷）[M]. 北京：人民出版社，2009.

[14] 新华社．习近平在全国教育大会上发表重要讲话 [EB/OL]. (2018-09-10)[2022-07-01]. http://jhsjk.people.cn/article/30283643.

[15] 新华社．《中共中央 国务院关于全面加强新时代大中小学劳动教育

的意见》[EB/OL]. (2020-03-26)[2022-07-01]. http://www.gov.cn/zhengce/2020-03/26/content_5495977.htm.

[16] 教育部．教育部关于印发《大中小学劳动教育指导纲要（试行）》的通知 [EB/OL]. (2020-07-09)[2022-07-01]. http://www.moe.gov.cn/srcsite/A26/jcj_kcjcgh/202007/t20200715_472808.html.

[17] 王飞，徐继存．大中小学劳动教育实施现状的调查研究 [J]. 课程．教材．教法，2020，40（2）：12-19.

[18] 新华社．《中共中央 国务院关于全面加强新时代大中小学劳动教育的意见》[EB/OL].(2020-03-20)[2022-07-01].http://www.gov.cn/zhengce/2020-03/26/content_5495977.htm.

[19] 夏雪梅．学科项目化学习设计：融通学科素养和跨学科素养 [J]. 教育研究与评论（中学教育教学），2018（9）：96.

[20] 中华人民共和国教育部．《教育部关于印发普通高中课程方案和语文等学科课程标准（2017 年版 2020 年修订）的通知》[EB/OL].（2020-05-13)[2022-07-01]. http://www.moe.gov.cn/srcsite/A26/s8001/202006/t20200603_462199.html.

[21] 邓玉霞．沁人心脾话芳香——成语“沁人心脾”释疑 [EB/OL].（2018-01-26)[2022-07-01]. http://www.hnskedu.cn/study/art141.html.

[22] 杨明，李慧婷，罗晶，任桂林，柳小莉，李艳，黄小英，李光武，李思婷，吴克刚．芳香中药防治病毒类疾病的应用优势与特点 [EB/OL].（2020-03-02）[2022-07-01]. https://zdsys.jxutcm.edu.cn/info/1059/2283.htm.

[23] 广东省疾病预防控制中心．《关于印发学校和托幼机构预防新冠肺炎疫情卫生清洁消毒指引（第二版）的通知》[EB/OL]. (2020-03-11)[2022-07-01]. http://cdcp.gd.gov.cn/attachment/0/389/389026/3435996.pdf.

[24] 广东省中医药管理局．《关于印发广东省新型冠状病毒肺炎中医药治疗方案（试行第二版）的通知》[EB/OL]. (2020-02-18)[2022-07-01]. http://szyyj.gd.gov.cn/zwgk/gsgg/content/post_2902010.html.

[25] 中华人民共和国国家卫生健康委员会．新型冠状病 毒肺炎诊疗方案（试行第七版）[Z]. 2020：9-10.

[26] 胡伟尚，吴巧凤．中药熏蒸防疫历史沿革与现代应用探讨 [J]. 中草药，2020，51（4）：895–901.

[27] 詹泽慧，钟柏昌，霍丽名，黄美仪．面向文化传承的学科融合教育(C–STEAM)：价值定位与分类框架 [J]. 中国电化教育，2020（3）：69–76.

[28] 人民网．新时代学习工作室话端阳 品传统，跟习近平总书记学中华文化传承之道 (2019–06–07)[2022–07–01]. http://jhsjk.people.cn/article/31124904.

[29] 吴文新，朱康有．在发挥中医药独特优势中增强文化自信 [EB/OL]. (2020–04–05)[2022–07–01]. http://www.natcm.gov.cn/hudongjiaoliu/guanfangweixin/2020–04–05/14463.html.

[30] 农业农村部新闻办公室．袁隆平等 6 人获聘“中国农民丰收节推广大使”[EB/OL]. (2020–05–19)[2022–07–01]. http://www.moa.gov.cn/hd/zbft_news/nmfsjxwfbh/xgxw_26332/202005/t20200519_6344621.htm.

[31] 周建华．微米珍珠粉复合粒子的制备及其性能研究 [D]. 南京理工大学，2012.

[32] 中华人民共和国教育部．教育部印发《大中小学劳动教育指导纲要（试行）》[EB/OL]. (2020–07–15)[2022–07–01]. http://www.moe.gov.cn/jyb_xwfb/gzdt_gzdt/s5987/202007/t20200715_472806.html.

[33] 宋悦．基于合作学习的计算机网络教学模式 [J]. 网络安全技术与应用，2021（1）：106–108.

[34] 莫雷．教育心理学 [M]. 北京：教育科学出版社，2010 .

[35] 甄炜，杨学良，宛霞．并行工程协同工作环境中工作流管理的研究与实现 [J]. 计算机工程与应用，2001（21）：73–75+105.

[36] 人民教育出版社课程教材研究所化学课程教材研究开发中心．化学 – 九年级上册 [M]. 北京：人民教育出版社，2018.

[37] 人民教育出版社课程教材研究所地理课程教材研究开发中心．地理 – 第一册 – 必修 [M]. 北京：人民教育出版社，2019.

[38] 教育部组织编写．历史 – 选择性必修 2，经济与社会生活 [M]. 北京：人民教育出版社，2020.

[39] 人民教育出版社课程教材研究所生物课程教材研究开发中心．生物学－选择性必修 2，生物与环境 [M]. 北京：人民教育出版社，2020.

[40] 曾明．菜园里的学问 [M]. 北京：中国轻工业出版社，2011.